Robert Schwarz

SCHNUPPER-TAGE

Denken verboten?
Ein Plädoyer.

»Philosophie und Philologie,
Bildung und Literatur,
Geschichtstheorie sowie Politik
in Literatur- und Kulturbetrieb«

Bibliografische Information
der Deutschen Nationalbibliothek:

Die Deutsche Nationalbibliothek verzeichnet diese Publikation in der Deutschen Nationalbibliografie. Detaillierte bibliografische Daten sind im Internet über http://www.d-nb.de abrufbar.

Alle Rechte der Verbreitung, auch durch Film, Funk und Fernsehen, fotomechanische Wiedergabe, Tonträger, elektronische Datenträger und auszugsweisen Nachdruck, sind vorbehalten.

www.vindobonaverlag.com

© 2023 Vindobona Verlag

ISBN 978-3-949263-76-7
Lektorat: Eva Schirnhofer
Umschlagfoto:
Katemykate | Dreamstime.com
Umschlaggestaltung, Layout & Satz:
Vindobona Verlag

Gedruckt in der Europäischen Union auf umweltfreundlichem, chlor- und säurefrei gebleichtem Papier.

Inhaltsverzeichnis

1 Wege kreuzen sich 7

2 Petrarca lesen ist nicht schwer,
  ihn zu verstehen dagegen sehr ...? 32
2.1 Sine nomine 37
2.2 Secretum und De otio religioso 41
2.3 Trionfi 48
2.4 Conclusio und Schlussbetrachtung 60

3 Die neuen Leiden mit den alten Werten 64
3.1 Die Welt von Gestern – vom
    Text zum Konzept 65
3.2 Lesemotivation und literaturbezogene
    Leseanimation 70
3.3 Der literarische Text als Faden der Ariadne 74
3.4 Evaluierung und Integration
    in den Deutschunterricht 83
3.5 Des Meletos Epigonen:
    Auf dem Weg zur „Taubstummenanstalt"? 87

4 Die Frage nach der Kausalität 102
4.1 Erfindet sich die Historiographie
    immer wieder neu? 103
4.2 Ein Zitat als Beispiel zur Quellenproblematik 106
4.3 Arm und Reich 112
4.4 Warum Europa? 116

5 Politik in Literatur- und Kulturbetrieb 124
5.1 Politik und Geschichte vereinnahmen
    einen Autor 125
5.2 Ein Staat vereinnahmt die Literatur 131

5.3 Salzburger Festspiele –
Mission, Philosophie oder Ideologie? 141
5.4 Deutschnationale Konzepte 145
5.5 Nationalismen in
Hofmannsthals Festspielschriften 153
5.6 Schlussbetrachtung 160

6 Wege trennen sich 164

7 Verzeichnis der verwendeten Literatur 170
7.1 Wege kreuzen sich/Wege trennen sich 170
7.2 Petrarca 171
7.3 Die neuen Leiden mit den alten Werten 173
7.4 Frage nach der Kausalität 176
7.5 Politik in Literatur- und Kulturbetrieb 177

1 Wege kreuzen sich

Es war an der Zeit, die Gedanken und Erinnerungen zu ordnen, ein wenig zur Ruhe zu kommen. Die letzten Wochen waren sehr ereignisreich gewesen, zahllose Abschiede hatte sie erlebt, einige davon waren schmerzlich gewesen und die eine oder andere Träne war vergossen worden. Trotzdem war die junge Frau von einer ungeheuren Euphorie des Aufbruchs ergriffen, die Schulzeit war vorüber, das wirkliche, echte, spannende Leben wartete. In den ersten Tagen nach der Reifeprüfung stand sie derart unter Strom, sodass sie in ihrem unbändigen Drang, die ganze Welt zu umarmen, kaum Schlaf fand.

Sie blickte den Strand entlang, in einiger Entfernung saß ein Pärchen auf einer Jeansjacke, dahinter machte die Sonne Anstalten, sich langsam, aber sicher ins Meer zu stürzen. Diese besondere Lichtstimmung machte eine Sonnenbrille erforderlich, wollte man nicht den Blick vollends abwenden. Der geübte Griff zum ins Haar gesteckten Beschattungsgerät sorgte für rasche Erleichterung. Sonnenbrillen sind eine feine Sache, sie schützen nicht nur die Augen vor derart intensiver Strahlung, sie schützen auch die ganze Persönlichkeit vor zu tiefen Einblicken in Bereiche, die gerne aus Unsicherheit oder Scham verborgen werden, diese besondere Form der Unsicherheit war an den Augen abzulesen, dessen war sich die junge Frau sicher. Als angenehmen Nebeneffekt konnte man der Brille noch einen weiteren Vorteil gutschreiben, der ebenfalls vielfach unterschätzt wird. Bei Trägern einer Sonnenbrille ist es für andere unmöglich zu erahnen, wohin die damit geschützte Person wirklich blickt. Man kann unbeobachtet selbst zum Beobachter werden, deshalb warf die junge Frau einen Seitenblick in Richtung des Pärchens, das wie ein Postkartenmotiv vor dem Sonnenuntergang saß, konnte keine verdächtige Aktivität feststellen, und lehnte sich mit einem Lächeln zurück auf die Ellbogen, die ein wenig in den Kiesstrand einsanken. Sonnenbrillen sind eine feine Sache, dachte sie erneut.

Mit der sinkenden Sonne geriet die Luft noch einmal in Bewegung, sie trug das feine Aroma von Thymian, Rosmarin und Oregano aus den Hügeln oberhalb des Strandes und die Maturareisende sann darüber nach, wie ein derart herrliches Wetter wohl angemessen zu beschreiben sei. Vor ihrem geistigen Auge, das keineswegs von einer Sonnenbrille schamvoll verborgen werden musste, hatte es ihr doch während der Schulzeit wiederholt die Bewunderung und den Respekt von Klassenkameraden und Lehrerschaft eingetragen, schritt sie die Regale der großmütterlichen Bibliothek ab, um das entsprechende Buch hervorzuholen. Kraft ihrer Imagination meinte sie ihre Großmutter neben sich und vorlesen zu hören. „Über dem Atlantik befand sich ein barometrisches Minimum; es wanderte ostwärts, einem über Russland lagernden Maximum zu, und verriet doch nicht die Neigung, diesem nördlich auszuweichen. Die Isothermen und Isotheren taten ihre Schuldigkeit. [...] Der Wasserdampf in der Luft hatte seine höchste Spannkraft, und die tatsächliche Luftfeuchtigkeit war gering. Mit einem Wort, das das Tatsächliche recht gut bezeichnet, wenn es auch etwas altmodisch ist: Es war ein schöner Augusttag des Jahres 1913."[1] Auch wenn rund 110 Jahre vergangen waren, das Wetter war immer noch schön und ihre Großmutter war eine geduldige Vorleserin und ihre erste Freundin gewesen. Es war seltsam, beim Gedanken an ihre Eltern hatte sie viel weniger positive Gedanken, immer hatten sie Mobiltelefone und Laptops dabeigehabt, sogar in den gemeinsamen Urlauben, immer waren sie gestresst gewesen, nie hatten sie sich für sie Zeit genommen. Ihr Vater war Anwalt und ihre

---

[1] Robert Musil: Der Mann ohne Eigenschaften. Rowohlt, Reinbeck bei Hamburg 1987. S. 9.

Mutter Steuerberaterin mit eigener Kanzlei, ihre Großmutter war – was war sie eigentlich?

Sie hatte ihr seit frühester Kindheit vorgelesen, von Grimms Märchen bis zu antiken Mythensammlungen. Einige Zeit lang war sie von den Geschichten von J. M. Barrie rund um Peter Pan und Wendy derart gefesselt gewesen, dass sie kurzfristig sogar selbst beschlossen hatte, nie erwachsen zu werden. Positive Gedanken waren unglaublich mächtig, das hatte sie spätestens seit jenem Tag begriffen, an dem sie mit ihrer Großmutter den Film *Hook* aus dem Jahr 1991 gesehen hatte. Sie musste zu diesem Zeitpunkt etwa zwölf Jahre alt gewesen sein. Für die nunmehr 19-Jährige schien dies eine Ewigkeit her zu sein. Die verlorenen Kinder Nimmerlands schenkten dem erwachsenen Peter Pan ihre positiven Gedanken, damit er wieder fliegen, krähen und gegen den Piratenkapitän Hook kämpfen konnte. Der fiese Pirat hatte Peter Pans Kinder entführt, um den nunmehrigen Anwalt zurück nach Nimmerland zu locken. An dieser Stelle des Films hatte sie ihre Großmutter angestupst und altklug festgestellt, dass dieser erwachsene Peter wie ihr Vater sei, der habe auch nie Zeit für sie und sei aus vorgeschützten beruflichen Gründen permanent am Hantieren mit diverser Kommunikationstechnik. Ihre Großmutter hatte wissend gelächelt und genickt und sehr wohl bemerkt, dass ihre Enkelin den Schauspieler, der Peter Pan mimte, wirklich großartig fand. Zwei Jahre später brauchte die arme Enkelin mehrere Packungen Taschentücher und einiges an Zuspruch, als sie einen neuerlichen Filmabend mit der Großmutter teils lachend, teils in Tränen aufgelöst verbrachte. Filme seien ähnlich wie Literatur, sofern sie gut gemacht sind, hatte ihre Großmutter gemeint, dazu angetan, Fremdes und Bekanntes, Heimliches und Unheimliches, Gutes und Verwerfliches mitzuerleben und Emotionen freizusetzen, die, einmal aus dem Gefängnis der antrainierten Selbstbeherrschung befreit, eine ungemein wohltuende und reinigende Wirkung entfalten können. Im *Club der toten Dichter* aus dem Jahr 1989 spielte ihr Peter-Pan-Darsteller einen Lehrer einer Eliteschule an der amerikanischen Ostküste der späten 1950er-Jahre, deren Unterrichtsmaxime mit den Leitbegriffen Tradition, Ehre, Disziplin, Leistung zusammengefasst wurde und im Schulgebäude omnipräsent war. Der Lehrer ersetzte diese Gleichmacherei durch seine erfrischende, nonkonformistische und herzliche Unterrichtsart und forderte die jungen Schüler auf, selbstständig zu denken und ihren Gefühlen Ausdruck zu verleihen. Nach anfänglicher Skepsis verehrten ihn seine Zöglinge und begannen, wie ihr Vorbild es als junger Mann getan hatte, regelmäßige Zusammenkünfte abzuhalten, um Gedichte vorzutragen und das „Mark des Lebens" in sich aufzusaugen. Die junge Frau bemerkte, wie ihr bei diesen Gedanken das Wasser in die Augen trat und Tränen unter den Rändern der Sonnenbrille hervorquollen. Sie versuchte erst gar nicht, den ersten in ihrer Kehle hochsteigenden Schluchzer zu unterdrücken. Ihr vielgerühmtes geistiges Auge war wieder in Bestform. Sie hörte erneut die traurigen Verse aus Walt Whitmans *O Captain! My Captain!*[2], der Hommage an den ermordeten Abraham Lincoln aus dem Jahr 1865, und die weisen Worte aus Robert Frosts 1915 entstandenem Gedicht *The Road Not Taken* „Im Wald zwei Wege boten sich mir dar,/und ich ging den, der weniger betreten war./Und das veränderte mein Leben."[3] Die 1854 in Henry David Thoreaus *Walden* formulierten und für die Begrüßungsworte der geheimen Treffen genutzten Worte „Ich ging in die Wälder, weil ich bewusst leben wollte. Ich wollte das Dasein auskosten. Ich wollte das Mark des Lebens einsaugen! Und alles fortwerfen, was kein Leben barg, um nicht an meinem Todestag innezuwerden, dass ich

---

2 Walt Whitman: Der Kapitän. In: Ders.: Grashalme. Berliner Ausgabe 2014. S. 12.
3 Robert Frost: The road not taken. In: Ders.: Mountain Interval. Henry Holt and Co., New York 1916. S. 9. Two roads diverged in a wood, and I -,/I took the one less traveled by,/and that has made all the difference.

nie gelebt hatte."⁴ schienen in ihr nachzuhallen. Die Tragik dieser so wundervollen Schulgeschichte überwältigte sie erneut. Jetzt weinte sie ungehemmt. Wie gern hätte sie so einen Lehrer gehabt, jemanden der Philosophie und Literatur an sie herangetragen und vorgelebt hätte, dass Verstand und Emotion zwei Seiten einer menschlichen Existenz sein können, die einander ergänzen und beflügeln. Ihre Großmutter war ihr Captain gewesen, dies wurde ihr in diesem Moment einmal mehr bewusst, sie musste ihr das unbedingt sagen, sobald sie die Gelegenheit dazu hätte.

„Ist alles gut bei dir?" Die junge Frau zuckte kurz zusammen, fasste sich rasch wieder und antwortete mit noch gebrochener Stimme, dass alles in Ordnung sei, in bester Ordnung sogar, sie habe sich gerade an etwas sehr Schönes erinnert und sei deshalb so gerührt und bewegt. „Also kann ich dich unbesorgt hier allein sitzen lassen?" – „Das kannst du! Danke für deine Fürsorge." Der junge Mann verschwand wieder hinter der Uferböschung und die Enkelin kramte nach einem Taschentuch und setzte die Sonnenbrille ab. Die Sonne war bereits vor zwanzig Minuten untergegangen.

Nach diesen Lese- und Filmerlebnissen mit ihrer Großmutter hatte sie sich ungemein für Literatur interessiert, diese neue Leidenschaft war ihren Schulkameraden nicht verborgen geblieben und einige eiferten ihr nach, die Masse aber fand es angenehmer, in ihren Grüppchen weiterhin ihren pubertären Geschäften nachzugehen. Sie las Dantes *Commedia* als 14-Jährige und ließ sich von ihrer Großmutter die Höllenkreise des Infernos, den Läuterungsberg im Purgatorium und die Sphären des Paradiso erklären. Beim Lesen, mein Kind, hatte sie gemeint, komme es nicht immer darauf an, alles auf Anhieb zu verstehen, epistemisches Lesen sei das, was sie gemeinsam

---

4 Henry David Thoreau: Walden oder Leben in den Wäldern. Aus dem Engl. übersetzt von Wilhelm Nobbe. Jena und Leipzig 1905. S. IX.

machten, sie lernten während des Lesens ebenso wie durch die Lektüre. Nachdem sie den wenigen Gleichgesinnten in ihrer Klasse von den Gesprächen mit ihrem Captain berichtet hatte, wurde sie mit einem Spitznamen bedacht, den sie wie eine Auszeichnung entgegennahm und der beizeiten von vielen anderen ebenfalls verwendet wurde, wenngleich nicht von allen gleichermaßen respektvoll. Sie war nun offiziell eine Enkelin oder wie sie selbst zu sagen pflegte – *die Enkelin.*

Die Enkelin wurde bald zur Vorzeigschülerin der Sprachlehrerschaft, für manche sogar zu deren Nemesis, denn die belesene junge Dame und ihr im Hintergrund waltender großmütterlicher Captain mit der umfassenden philosophisch-literarischen Bibliothek führten bei manchen Lehrkräften zu latenter Verunsicherung, weil ihnen die eine oder andere eigene Wissenslücke, sofern sie ruchbar wurde, peinlich war. So war die Enkelin durch die Oberstufe spaziert, hatte gelesen, gelernt und wurde von ihren größten Bewunderern sogar als Schwamm bezeichnet, der alles an Wissen aufsaugen konnte, wenn es nur mit Sprachen und Literatur zu tun hatte. Die Matura hatte sie im Vorübergehen bestanden, die Gratulationen und Glückwünsche artig über sich ergehen lassen und sogar bei der Abschlussfeier gute Figur gemacht. Die netten Worte und Ansprachen der Klassenlehrerinnen und -lehrer waren einander sehr ähnlich gewesen, allesamt einfach und so herrlich nichtssagend, dass sie beinahe versucht gewesen war, ein Buch hervorzuholen und darin zu lesen. Sie hatte sich aber besonnen und wollte nicht am Ende ihrer Schulkarriere für Verstimmung sorgen. Aber halt, eine dieser Einheitsansprachen war doch aus der Reihe gefallen, war anders gewesen, war ihr im Gedächtnis geblieben. Wie war das noch einmal? Sie richtete sich auf, wischte den Kiesstaub endgültig von ihren Ellbogen und blickte konzentriert auf ihre Schuhspitzen, die wie kleine Hügel aus dem Kies ragten.

„Liebe Maturantinnen und Maturanten, ich weiß, dass in meinem Fach auch heuer niemand maturiert hat, aber wir haben im Verlauf der letzten Jahre viele gemeinsame Stunden verlebt, von denen ich einige sogar genossen habe." Sie erinnerte sich an das schallende Gelächter, das auf diese Apostrophe folgte. Der Lateinprofessor war zweifellos ein gebildeter Mann, belesen, schlagfertig und auf eine besondere Art ungemein höflich und zuvorkommend. Bemerkenswerter als der humorvolle Einstieg aber war vielmehr die Rede, die folgte. „Exigua pars est vitae qua nos vivimus. Ceterum quidem omne spatium non vita, sed tempus est. Nur ein kleiner Teil des Lebens ist es, in dem wir leben. Die ganze übrige Spanne ist nicht Leben, sondern Zeit."[5] Einige noch immer pubertierende Klassenkameraden schauten einander recht aufgeräumt, aber desinteressiert an, zuckten mit den Achseln oder spielten mit ihren digitalen Schnullern, die meisten aber schauten gebannt in Richtung Rednerpult des Festsaales, in Erwartung der kommenden Weisheiten. Irgendwie konnten sie sich trotz aller Gelöstheit und beinahe manischer Euphorie dem Zauber des Moments nicht entziehen. In kaum acht Minuten legte der Redner dar, was er dem Maturajahrgang mit auf den Weg geben wollte, und dabei machte er seinen antiken Vorbildern der Rhetorik alle Ehre. Seine Argumente waren treffend und mit stichhaltigen Exempla angereichert, die fachliche Kompetenz war unbestreitbar, und je mehr sich die Ansprache dem Ende zuneigte, desto mehr Leidenschaft schwang in seinen Worten. Er führte aus, das Leben zerfalle in drei Abschnitte, die Vergangenheit, die Gegenwart und die Zukunft. Der Teil, in dem wir handeln, sei sehr kurz, was wir künftig tun werden, stehe noch nicht fest, nur was wir bisher getan haben, sei sicher.[6] „Sehr kurz und voller Sorgen ist das Leben derer, die

---

[5] Seneca: De brevitate vitae. 2,2. (Seneca: De brevitate vitae. Von der Kürze des Lebens. Lateinisch/Deutsch. Übersetzt u. hersg. von Josef Feix. Reclam, Stuttgart 2000 (=Reclam 1847). S. 6.).
[6] Vgl.: Seneca: De brevitate vitae. 10,2.

das Vergangene vergessen, das Gegenwärtige vernachlässigen, vor der Zukunft Angst haben. Wenn sie ans Ende gekommen sind, erkennen die Unglücklichen zu spät, dass sie, ohne etwas zu tun, so lange beschäftigt gewesen sind."[7] Er referierte den stoischen Dünkel in Bezug auf belanglose Wissenschaft ebenso wie den Wert der Muße. Nach einem Lächeln in die Reihen der Absolventinnen und Absolventen hob er von neuem an und sprach. „Wir pflegen zu sagen, es habe nicht in unserer Macht gelegen, unsere Eltern auszusuchen, da sie uns der Zufall geschenkt hat: Aber das eine ist uns überlassen, nach unserer Entscheidung aufzuwachsen."[8] Wenn wir wissen wollten, wie kurz unser eigenes Leben sei, setzte er hinzu, dann sollten wir darüber nachdenken, zu welch kleinem Teil unser Leben wirklich uns gehöre.[9] Wir müssten uns fragen, ob wir nicht Getriebene seien, die von falschen Vorbilden, den Medien und der Werbung in einem hamstertauglichen Laufrad gefangen wurden, nur um willfährige Konsumenten und nachplappernde Wechselwähler zu werden. Ein leichtes Raunen ging durch den Saal, vor allem in jenen Reihen, in denen die Eltern und die Lehrerschaft Platz genommen hatten. Es sei an uns, führte der Redner weiter aus, nicht nur occupati – geschäftige Beschäftigte – zu sein, sondern uns Zeit und Muße – Senecas otium – für Selbstreflexion und Kontemplation zu nehmen, um auch im 21. Jahrhundert regelmäßig zur Ruhe zu kommen. „Denkt darüber nach, liebe Maturantinnen und Maturanten, die Zeit zu nutzen, bedeutet nicht, ständig geschäftig, ständig erreichbar oder ständig online zu sein." Die Enkelin war von der abschließenden Mahnung wieder an ihre Eltern erinnert worden, die wie erwartet aus beruflichen Gründen verhindert waren. In der seltsamen Stille nach den

---

7 Ebd.: 16,1.
8 Ebd.: 15,3.
9 Ebd.: 19,3.

Schlussworten des Lateinprofessors blickte sich das Maturafeierwaisenkind nach der Eingangstür um und sie bemerkte dort ihre Großmutter. Sie nickten einander zu und lächelten.

Unbemerkt hatte sich das Pärchen von ihrem Platz auf der Urlaubspostkarte erhoben und war an die Enkelin herangetreten. „Wir haben bemerkt, dass du, seitdem du hier sitzt, recht traurig und nachdenklich geworden bist. Möchtest du dich uns anschließen?" Die Enkelin blickte auf und sah in zwei freundlich-besorgte Gesichter. Der junge Mann erwiderte ihren Blick mit den Worten: „Meine Freunde nennen mich Faust. Dr. Faust." Bei der Präsentation seines Cognomens grinste er vielsagend, um anzufügen, dass seine charmante Begleitung auf den Kosenamen „Diva" höre, zwar wie er selbst hier auf Maturareise, aber im Hauptberuf Tochter sei, was sogar in ihren Reisedokumenten vermerkt worden war. Den Rempler der Diva in seine Rippengegend quittierte er mit einem hervorgepressten „Verdientermaßen!". Die Enkelin war belustigt über die unerwartete Ansprache und die herrlich unbefangene Überheblichkeit des jungen Mannes. Dr. Faust und die Tochter Diva, das könnte interessant werden, dachte die Enkelin und stellte sich als ebendiese vor. „Drei nicht alltägliche Spitznamen für drei nicht alltägliche Charaktere", scherzte Dr. Faust, säuselte: „Mein schönes Fräulein, darf ich wagen, meinen Arm und Geleit ihr anzutragen?"[10], und bot der Enkelin wie ein Gentleman der alten Schule seinen Arm an. „Bin weder Fräulein, weder schön"[11], erwiderte die Enkelin lachend, „kann heute aber in eurer Begleitung nach Hause gehen." – „Ich bin entlarvt!", grinste Faust. „Wir sind hier wohl an eine Expertin geraten." – „Im Übrigen bin ich

---

10 Johann Wolfgang Goethe: Faust. Texte. Hersg. in 2 Bdn. von Albrecht Schöne. Deutscher Klassiker Verlag, Frankfurt a. M. 2005. V. 2605-2606. S. 112.
11 Johann Wolfgang Goethe: Faust I. V. 2607. S. 112.

nicht deprimiert, sondern habe mich an einige schöne Erlebnisse erinnert", ergänzte die Enkelin und ergriff den ihr dargebotenen Arm.

Faust hatte die Diva bereits am Vormittag im Flugzeug kennengelernt, durch die Macht des Zufalls und die glückliche Fügung in Gestalt der Platzkarte war er neben ihr gelandet, um nach dem Erreichen der endgültigen Parkposition, wie es seine Natur war, sofort mit der Forschung am Untersuchungsgegenstand zu beginnen. Die Diva war offensichtlich derartige Aufmerksamkeit gewöhnt und hatte keine Anstalten gemacht, den von elementaren Kräften angetriebenen Empiriker in seinem Drang zu bremsen. Rechnete sie anfangs noch mit einem zwar belanglosen, aber durchaus erwünschten Flirt, musste sie feststellen, dass sich ein vieldeutiges und spannenden Gespräch entwickelte, dessen beiderseits als unerlässlich erachtete Fortsetzung eine weitere Terminvereinbarung erforderte. Man verabredete sich also am Strand.

Am späten Nachmittag schlenderten die beiden vorbei an den Einrichtungen der Freizeitanlage und weg vom Lärm und geschäftigen Treiben an Pool und Poolbar zur oleanderbestandenen Uferböschung. Faust erkannte sofort den idealen Ort, zog die Diva hinter sich her, breitete auf der geeigneten Stelle schwungvoll seine Jeansjacke aus und lud seine Begleitung mit einer eleganten Verbeugung ein, sich darauf niederzulassen. Die auf diese Weise hofierte Diva tat wie ihr geheißen und machte dabei eine Miene, als nähme sie soeben in der Präsidentenloge beim Opernball Platz. Stil hat man, oder man hat ihn eben nicht, dachte sie und zeichnete sich ein der Situation angemessenes Lächeln ins Gesicht. „Wie bist du eigentlich zu deinem Spitznamen gekommen?", fragte Faust, um das Gespräch vom Vormittag aus der Reiseflughöhe auf Meeresniveau und wieder in Gang zu bringen. Die Diva erinnerte sich nur allzu gut daran, hielt jedoch kurz inne, abwägend, was sie in diesem Gespräch von sich preisgeben sollte. Sie hatte im Laufe ihrer Schulzeit schmerzhaft erfahren, dass man sehr leicht verletzlich und angreifbar wurde, wenn man zu viel von der eigenen Persönlichkeit öffentlich machte. Forschend blickte sie in die Augen ihres Gegenübers, als wollte sie darin einen Beleg für uneingeschränkte Vertrauenswürdigkeit finden. „Soll ich meine letzte Frage zurückziehen?", wollte Faust wissen, der das Zögern der Diva deutlich wahrgenommen hatte und die etwas unangenehme Stille wieder mit wohltuenden Schallwellen zu füllen suchte. „Nein, nein!", gab sie zurück, sie sei nur nicht sicher gewesen, ob sie diese Episode erzählen möchte, lägen doch schmerzliche Erinnerungen in der auf den ersten Blick recht banalen Frage begründet. Ihre Eltern seien beide Mediziner, fuhr sie fort, die Mutter Orthopädin, der Vater Zahnarzt, sie sei sehr behütet aufgewachsen, privater Kindergarten war obligatorisch, sie habe eine ganz spezielle Volksschule für ganz besondere Schneeflocken besucht, sie sei stets nach der neusten Mode eingekleidet worden, weil ihre Mutter gemeint habe, Stil habe man oder eben nicht, Noblesse oblige – Adel verpflichtet – sei ihr Motto gewesen. Die Diva bemerkte, dass sie eigentlich bereits in der Ausbreitung ihres Innersten angekommen war, aber erstaunlicherweise war ihr die Situation keineswegs unangenehm, im Gegenteil, irgendwie erschien ihr das Reflektieren dieser Erlebnisse und das Artikulieren der dazugehörenden Emotionen ungemein befreiend. „Am Anfang der Gymnasialzeit hat sich viel verändert. Wenn du offenherzig auf Gleichaltrige zugehst, du versuchst, neue Freunde zu finden, um bald darauf festzustellen, dass hinter deinem Rücken getuschelt wird, dann wird der Schulalltag schnell zur Qual." Faust nickte verständnisvoll. Sie habe einen Zettel in ihrer Schultasche gefunden, auf dem zu lesen war, sie sei wie eine Schaufensterpuppe angezogen, ihre Eltern spielten wohl gern mit Puppen, „echte" Menschen seien niemals derart „uncool" wie sie. Das Zeugnis präpubertärer Gemeinheit war noch mit einigen krakeligen Schmähzeichnungen und geistlosen Schimpfnamen garniert worden, wobei „Du arrogante Designer-Tussi!" und eine am Galgen baumelnde

Puppe noch die harmlosesten Bosheiten gewesen seien. In der sechsten und siebten Schulstufe habe der Terror eine neue Dimension erreicht, weil einige ihrer spärlichen Freunde die Seite wechselten, um in den diversen Klassengruppen vor allem über soziale Medien Lügen und Verleumdungen über sie zu verbreiten. Sogar Fotos von ihr, die bei Geburtstagfeiern bei vorgeblichen Freundinnen entstanden waren, bearbeiteten einige digital, um sie öffentlich schlecht zu machen. „Ich habe mich immer mehr zurückgezogen, wollte niemanden mehr besuchen gehen, traute mich aber lange nicht, jemandem von meinen Sorgen zu erzählen." Sie schwieg. Faust forschte nicht weiter nach, er wollte der Diva etwas Zeit geben.

Er blickte den Strand entlang, ohne seine zerknirschte Begleiterin aus dem Sichtfeld zu verlieren. Aus der Uferböschung löste sich die Gestalt einer jungen Frau, die Sonnenbrille lässig ins Haar gesteckt. Sie stapfte zielstrebig in Richtung Meer, setzte sich etwa zwanzig Meter von seiner Position hin und drückte ihre Schuhe mit den Fersen in den Kies. „Du wolltest doch wissen, woher mein Spitzname stammt", fuhr die Diva fort. „Ja, das wollte ich", entgegnete Faust, „sofern du die Geschichte immer noch erzählen willst." – „Ich bin in der Phase meines Lebens auch unglaublich gewachsen, bei mir hat überhaupt nichts mehr zusammengepasst. Nase, Ohren, Arme, Beine, Füße und weibliche Formen waren in ein Missverhältnis zueinander geraten.' Bei diesen Worten gestikulierte sie wild, um der Beschreibung der vorgeführten Problemzonen Nachdruck zu verleihen. Zu guter Letzt habe sie doch professionelle Hilfe in Anspruch genommen, obwohl ihre Mutter lange so getan hatte, als bestünde kein Problem. Als ihre Peiniger bemerkten, dass sie regelmäßige Termine bei Vertrauenslehrkräften und der Schulpsychologin hatte, wurde sie hinter vorgehaltener Hand „Psycho-Diva" geschimpft. „Nach der achten Schulstufe habe ich die Schule gewechselt, Psycho gestrichen und Diva behalten.' Sie lachte und versuchte dabei, ihrem Gesichtsausdruck einen Anstrich von Stärke zu verleihen. Auch ihre schulischen Leistungen seien wieder besser geworden, bis auf einige naturwissenschaftliche Blackouts war der Weg, der im Endeffekt auf diese Insel geführt hatte, bei weitem nicht so steinig gewesen wie der Strand hier. Sie hob einen Kiesel auf und reichte ihn Faust. Er wog ihn in seiner Hand und überlegte kurz, ob er den Stein ins Meer werfen sollte, legte ihn dann aber wieder sachte zurück zu dessen zahlreichen Artgenossen. „Bitte schau nicht auffällig hin", flüsterte Faust, „ich glaube, da drüben ist auch gerade jemand ganz tief unten." Er nickte in die Richtung, in der gerade die Enkelin während ihrer schönen Erinnerungen in Tränen ausgebrochen war. „Na siehst du", sagte die Diva mit einem verständnisvollen Lächeln, „ein edler Recke naht, um die holde Maid in ihrer Seelenpein zu trösten." – „Ich muss den edlen Helfer später befragen, wie man derart schnell Trost spenden kann. Sieh nur, er geht schon wieder", meinte Faust. Sie blieben schweigend sitzen und sahen dem imposanten Schauspiel zu, das sich direkt vor ihnen am Horizont vollzog. Faust hatte den Eindruck, er müsse nur seine Hand ausstrecken und könnte die Sonne ergreifen und sie so daran hindern, langsam im Meer zu versinken. „Gibt es eigentlich etwas, was dich besonders interessiert?", fragte er nach einigen Minuten. „Geschichte hat mich immer fasziniert. Geschichte und Geografie, ich denke, die beiden Fächer gehören irgendwie zusammen, ergänzen einander sozusagen. Leider war ich lange sehr intensiv mit mir selbst beschäftigt, wie du nun weißt, deshalb ist auch einiges in meinen Lieblingsfächern an mir nahezu spurlos vorübergegangen." *Nahezu spurlos* beschreibt die völlige Absenz von nennenswertem Wissen nicht annähernd, dachte die Diva, sprach diesen Gedanken aber nicht laut aus. Sie prüfte noch einmal die seelische Verfassung der jungen Frau neben ihnen, streckte ihre Hand damenhaft aus und meinte: „Herr Doktor Faust, hätten sie wohl die Güte, mir aufzuhelfen. Lassen Sie uns zur Maid in Nöten hinübergehen." – „Sehr wohl, Gnädigste!" Mit routiniertem Schwung zog er die Diva in die Höhe und machte eine galante Geste, um ihr den Vortritt zu lassen. Nachdem er seine vom Kiesstrand verbeulte Jeansjacke entstaubt hatte, schloss er zur Diva auf und sie gingen, ohne zu sprechen, auf die scheinbar hilfsbedürftige Enkelin zu.

Die drei jungen Leute waren nach ihrer wechselseitigen Vorstellung übereingekommen, den Abend gemeinsam zu verbringen. Man entschied sich, eine halbwegs ruhige Ecke im Restaurantbereich der Anlage aufzusuchen. Faust, mittlerweile in Galanterie geübt, bog einige Oleanderzweige zur Seite, um die Damen ohne größeren Schaden vom Strand auf die Uferpromenade zu geleiten. Die Enkelin schritt mit Dankesworten auf den Lippen durch die so entstandene Lücke voran und wäre beinahe in den jungen Mann getreten, der sich zuvor nach ihrem Wohlbefinden erkundigt hatte. „Vorsicht! Ich ziehe meine Beine schon ein. Ich wollte nicht zu weit weggehen, solange ich nicht sicher sein konnte, dass es dir wirklich gut geht", erklärte er der Enkelin. – „Ah, der fürsorgliche Zeitgenosse, der schnellen Trost spenden kann", sagte Faust in einem gewissen spöttischen Unterton. „Komm gleich mit, du musst mir unbedingt berichten, wie das geht." Die Enkelin wiederholte die etwas forsche Einladung mit freundlicheren Worten und ließ die Diva dies ebenfalls bekräftigen. „Wir brauchen nur noch deinen Spitznamen, solltest du keinen haben, werden wir schon einen für dich finden. Ich bin die Diva, das Objekt deines Altruismus ist die Enkelin und der mit der staubigen Jeansjacke ist Faust, wohl der aus den Tragödien von Goethe." Der junge Mann holte sein Mobiltelefon hervor, heftiges Tippen und Wischen folgte. „Mit Goethes Faust wird Johann Wolfgang von Goethes Bearbeitung des Fauststoffs bezeichnet. Der Begriff kann sich auf den ersten Teil der von Goethe geschaffenen Tragödie, auf deren ersten und zweiten Teil gemeinsam oder insgesamt auf die Arbeiten am Fauststoff beziehen, die Goethe durch sechzig Jahre hindurch immer wieder neu aufnahm. Er umfasst in diesem letzteren Sinne auch die Entwürfe, Fragmente, Kommentare und Paralipomena des Dichters zu seinem Faustwerk und zum Fauststoff. Übrigens, der Begriff Paralipomena bedeutet Nachträge oder Zusätze."[12] Sie sahen einander an, um wenig später in schallendes Gelächter auszubrechen. Das habe wie ein Wikipedia-Eintrag geklungen, meinte die Diva, die sich als erste wieder gefasst hatte. Es sei eben das gewesen, erwiderte der Schnellwischer. Der Spitzname lag bereits in der Luft, alle drei waren sich einig, dass sie noch nie jemanden gesehen hatten, der derart schnell Informationen aus dem Internet abrufen konnte. „Gehe ich recht in der Annahme, dass du ebenfalls bis vor kurzem noch in einem Schulgebäude deine Kunstfertigkeit genutzt hast?", fragte Faust. Wenige gekonnte Wischer später nahm der so Befragte eine aufrechte Haltung ein, meinte, seine Erinnerungen an die ehrwürdigen Gemäuer seien noch frisch, er wolle nun von seinem ersten Schultag berichten und deklamierte, regelmäßig von seiner technischen Stütze aufblickend. „Aufrichtig, möchte ich schon wieder fort:/In diesen Mauern, diesen Hallen,/Will es mir keineswegs gefallen./Es ist ein gar beschränkter Raum,/Man sieht nichts Grünes, keinen Baum,/Und in den Sälen, auf den Bänken,/Vergeht mir Hören, Sehn und Denken."[13] – „Hervorragend!", applaudierte Faust, „dich nehme ich als meinen Famulus!" Sie einigten sich auf den Spitznamen *Suchmaschine*, auch wenn Faust gerne seinen Vorschlag *Famulus* durchgesetzt hätte. Dem Frischgetauften schien dieser Titel zu behagen, er hatte davor keinen Spitznamen gehabt. Er fragte sich, ob er während seiner Schulzeit überhaupt von irgendwem bemerkt oder mit irgendeinem Namen bedacht worden war. Die Suchmaschine erinnerte sich an seine Jahre als Hinterbänkler, in denen er sich nur zu einer Wortspende herabließ, wenn er nachdrücklich vom Lehrpersonal dazu aufgefordert wurde. Er hatte schnell gemerkt, dass

---

12 https://de.wikipedia.org/wiki/Goethes_Faust (14.11.2022).
13 Johann Wolfgang Goethe: Faust. V. 1881-1887. S. 82.

die Strategie des Durchtauchens, der unauffälligen körperlichen Anwesenheit ihm zahlreiche Vorteile verschaffte. Nicht aufzufallen, weder im negativen noch im positiven Sinne, bot keine Angriffsfläche für den Spott der Gleichaltrigen und den Tadel der Angestellten der jeweiligen Erziehungsanstalt. Für Computertechnik und die dazugehörenden Spiele hatte er sich erwärmen können, darin hatte er rasch eine von seinen virtuellen Freunden bewunderte Meisterschaft entwickelt. Einen dieser Fans aus dem Cyberspace hatte er sogar einmal im realen Leben getroffen. Der Kontakt mit einem anderen Individuum der Gattung homo sapiens war allerdings enttäuschend verlaufen. Sein Adept war recht einsilbig und nicht sonderlich scharfsinnig gewesen und weitere Treffen fanden nicht mehr statt. Die Anwesenheit in der Schule hatte die Suchmaschine auf ein Minimum beschränkt, um seinem Hobby den angemessenen zeitlichen Rahmen zu bieten. So war er unauffällig bis zur Matura gelangt, was seine alleinerziehende Mutter mit erheblichem Stolz erfüllte. Sie war, bedingt durch den beruflichen Schichtbetrieb, auch des Nachts oft nicht daheim gewesen, sah sich ob der erfolgreichen Schulkarriere ihres Sohnes jedoch darin bestätigt, ihm stets alles zugetraut und ihm vor allem bedingungslos vertraut zu haben. Er könne erreichen, was er wolle, wenn er sich nur ernsthaft dafür einsetzte, hatte sie gemeint. Er verzichtete auf alle Abschlussveranstaltungen inklusive Maturafoto. So verließ er die Schule, ohne Spuren zu hinterlassen, es war fast so, als wäre er nie dort gewesen. Nachdem er aufgeschnappt hatte, dass viele seiner Klassenkameraden gemeinsam eine Urlaubsdestination ins Auge gefasst hatten, entschied er sich nach einigem Zögern, den Versuch zu unternehmen, über seinen Schatten zu springen und sich das echte Leben und die echten Menschen doch einmal anzusehen. Als einzige Einschränkung galt, dass sein Maturareiseziel nicht mit dem seiner ehemaligen Schulkollegen übereinstimmen durfte. So war er auf diese Insel gestoßen, die nachweislich über einen guten Mobilfunkempfang verfügte, das hatte er im Vorfeld selbstverständlich abgeklärt. Nachdem er sein technisches Faktotum aufgeladen und mit der Erkundung der Insel begonnen hatte, war er am Strand auf das weinende Mädchen gestoßen. Wie es seine Art war, musste erst im Netz recherchiert werden, was derartige Emotionen auslösen konnte. „Eine Träne, dichterisch und regional auch noch Zähre genannt, ist eine salzhaltige Körperflüssigkeit, die die Tränendrüsen von Menschen und Säugetieren ständig absondern. Sie dient der Reinigung des Bindehautsacks und der Befeuchtung und Ernährung der Hornhaut. Außerdem verbessert sie die optischen Eigenschaften der Hornhautoberfläche, indem sie die physiologischen Unregelmäßigkeiten durch Niveauunterschiede ausgleicht. Das Tränensekret besteht aus drei Schichten."[14] Mit dieser Information aus Wikipedia noch nicht zufrieden, klärte er die Begriffe Depression und Melancholie und musste feststellen, dass ihn auch das nicht weiterbrachte. Ach, was soll schon sein, hatte er sich gedacht, war hingegangen und hatte gefragt, ob alles in Ordnung sei. Er war einigermaßen erstaunt gewesen, weil die junge Frau doch erklärte, sie habe aufgrund schöner Erinnerungen geweint. Offenkundig wäre im Vorfeld wohl tiefgreifendere Recherche nötig gewesen. Er ließ sich hinter der Uferböschung nieder und dachte über das Weinen vor Glück nach. Das war ihm noch nie passiert, deshalb entschied er, noch ein wenig sitzen zu bleiben und die junge Frau weiter zu beobachten. Er bemerkte, dass sie von dem Paar, das etwas weiter entfernt den Sonnenuntergang genossen hatte, angesprochen und in seine Richtung geführt wurde. Der während der Schulzeit oftmals erfolgreich eingesetzten Strategie folgend, verhielt er sich unauffällig.

Im Außenbereich des Restaurants war noch reichlich Platz, dennoch entschied man sich, einen Randtisch zu nehmen, der möglichst weit vom Zugang zum Speisesaal entfernt sein

---

14 https://de.wikipedia.org/wiki/Tr%C3%A4ne (14.11.2022).

sollte. Es war noch früh am Abend, aber es sei als erwiesen zu erachten, dass es hier in absehbarer Zeit von euphorischer, hormonstrotzender Jugend nur so wimmeln werde, stellte Faust fest, und schließlich wolle man doch etwas Ruhe, um ein anregendes Gespräch führen zu können. Wenn die wichtigsten Vorbereitungen getroffen waren, die Glätteisen und Styling-Gels fachkundig eingesetzt, Haarreifen und Spangen reizvoll platziert, wenn die coolste Sommergarderobe ausgewählt, die Reminiszenzen an die Pubertät mit Abdeckstiften und Schminkutensilien kaschiert und die erste leichtfertig erlittene Dermatitis solaris, die sich als Verbrennung ersten bis zweiten Grades äußerte, mit kühlenden Cremen gelindert wurde, dann würde die Jugend aus den Zimmern und Bungalows strömen, sich wie eine lärmende Woge über die Ferienanlage ergießen und die erste Nacht der Maturareise zum Tag machen. „Kennt ihr euch schon länger?", fragte die Enkelin. „Wir sind im Flugzeug nebeneinandergesessen, also seit knapp zehn Stunden", antwortete die Diva. Es sei schon bemerkenswert, warf Faust ein, dass sich vier Maturanten aus unterschiedlichen Bezirken scheinbar zufällig über den Weg laufen. Es wurde ein vergnüglicher Abend, sie erzählten einander freimütig von ihren Schulerfahrungen, trugen amüsante Anekdoten vor und fühlten sich in ihrer kleinen Runde, die den Beginn der Maturareise ihrer Ansicht nach recht untypisch zubrachte, herrlich unbefangen und gelöst. Die Enkelin hatte den Anfang gemacht und berichtete von den Ereignissen, die ihr den Spitznamen Enkelin eingetragen hatten, ermutigt davon erläuterte die Diva nochmals in aller Kürze, wie sie zu ihrem Titel gekommen war. Die Umstände, die zur Ernennung der Suchmaschine zu ebendieser geführt hatten, waren ihnen ja hinlänglich bekannt. „Und? Faust, hast du uns etwas zu sagen?", fragte die Diva unverblümt und sah forschend und zugleich fordernd in seine Richtung. „Der Begriff *faustisch* bedeutet in Anlehnung an die Titelgestalt von Goethes Faust einen unbedingten Wissensdurst, das Streben nach der

Absolutheit der Erkenntnis. Der Begriff *faustischer Mensch* geht auf die Gestalt des Dr. Faust aus Goethes Hauptwerk zurück. Unter dem Ausdruck *faustisch* versteht die deutsche Sprache laut Duden, stets nach neuem Erleben und Wissen, nach immer tieferer Erkenntnis zu streben und nie befriedigt zu sein, was dieses Streben angeht." – Auf die Suchmaschine war Verlass, lächelnd legte er den schier unerschöpflichen Quell *seiner* Erkenntnis auf den Tisch. Faust sah in die Runde. „Es irrt der Mensch so lang er strebt"[15], sagte er in gemessenem Ton. Aber dennoch spüre er den Drang nach Erkenntnis, wohlwissend, am Ende aus tiefstem Herzensgrunde Folgendes gestehen zu müssen: „Da steh ich nun ich armer Tor!/Und bin so klug als wie zuvor;"[16] – „Nur hast du weder Philosophie noch Juristerei oder Medizin, geschweige denn Theologie oder die Natur mit heißem Bemühen studiert, wie dein namensgebendes literarisches Vorbild. Also, sage mir, geschätzter Faust", führte die Enkelin mit verständiger Miene und einer gewissen Überlegenheit im Tonfall weiter aus, „sage mir also, woraus willst du in deinem jugendlichen Alter all die Erkenntnis schöpfen, nach der Goethes Faust ein langes Gelehrtenleben getrachtet hat?" Faust machte ein ernstes Gesicht, als wäre die Enkelin vor einem Augenblick noch der nervige Pudel gewesen und hätte sich nun in Rauch und Schwefeldampf zur allwissenden mephistophelischen Literaturexpertin gewandelt. „Manchmal machst du mir wirklich Angst", wobei sich bei dieser Aussage seine Züge wieder aufhellten. „Vielleicht muss ich das tragische Finale in ‚Enkelin, mir graut's vor dir' abändern." – „Ich denke, du solltest eher auf das ganz große Finale referieren, indem du sagst: Alles Vergängliche/Ist nur ein Gleichnis;/Das Unzulängliche/Hier wird's Ereignis;/Das Unbeschreibliche/

---

15 Johann Wolfgang Goethe: Faust. V. 317. S. 27.
16 Johann Wolfgang Goethe: Faust. V. 358-359. S. 23.

Hier ist es getan;/das Ewig-Weibliche/Zieht uns hinan."[17] Die Diva klatschte langsam, aber deutlich hörbar. „Treffer. Klarer Treffer!", fügte sie hinzu. Die Suchmaschine nickte bestätigend. Er hatte die von der Enkelin zitierte Stelle soeben im Netz gefunden. „Woher nimmst du das alles?", fragte er und sah sie voller Bewunderung an.

„Ich gebe mich geschlagen, du bist mir über!", lachte Faust und verneigte sich artig vor der Enkelin. Die Suchmaschine habe schon die treffende Internetseite aufgerufen, er sei wohl ein faustischer Mensch. Der Drang, Neues zu erleben, Erkenntnis zu erlangen, oder wie der literarische Dr. Faust es formuliert hatte, der unbändige Wunsch zu verstehen, „was die Welt/Im Innersten zusammenhält"[18], habe ihn angetrieben. Die Schule war jedoch kein Ort für ihn gewesen. Zu viel Unterschiedliches und doch nichts Gewisses war auf dem Speiseplan für den Wissensdurstigen gestanden. Zu viel sei angefangen und niemals beendet, zu viel Großartiges war Belanglosigkeiten geopfert worden. „Warum hast du dich nicht in deiner Freizeit auf jene Interessensgebiete eingelassen, die dir wichtig erschienen?", bohrte die Enkelin nach. „Das habe ich doch, na ja, bis zu einem gewissen Grad habe ich das", schränkte Faust ein. Er habe Goethes Faust im Theater gesehen, leider war dieses durchaus erhellende Ereignis im Unterricht nicht ernsthaft weiterverfolgt und gewürdigt worden. Vernünftige Textausgaben waren rasch besorgt und er konnte sich in die Lektüre vertiefen. Erstaunlicherweise habe er unglaublich viele Ähnlichkeiten zwischen der Faustfigur und seinem eigenen Charakter festgestellt. „Wein, Weib und Gesang?", fragte die Enkelin nach. „Ja, oder Sex, Drugs and Rock and Roll, wenn du so willst, aber auch der Wusch, in allen Bereichen dazuzulernen. Das Bedürfnis, Neues zu erleben, neue Erfahrungen

---

17 Johann Wolfgang Goethe: Faust. V. 12104-12111. S. 464.
18 Johann Wolfgang Goethe: Faust. V. 382-383. S. 34.

zu sammeln und das Gefühl, nicht mehr weiterzukommen, diese teils verzweifelten Gefühlsregungen haben doch den Dr. Faust für Mephisto anfällig gemacht", gab Faust zurück. Er habe sich selbst den Namen Faust zugelegt und die ein oder andere Walpurgisnacht erlebt. Aber eigentlich seien doch all die Gefühle, Triebe und die zwanghafte Erkenntnissuche doch zutiefst menschliche Eigenschaften, sinnierte Faust weiter. Er blickte in die Runde. „Tragen wir nicht alle faustische Gene in den Abgründen unseres Erbguts, die nur darauf warten, an die Oberfläche zu steigen und in unseren Persönlichkeiten die Oberhand zu gewinnen?" – „Die Welt verstehen zu wollen, ist sicher eine verbreitete menschliche Regung, zumindest so lange, bis dieser kindlich-jugendliche Wissendurst von den mitunter banalen, aber sozial erwünschten Bedürfnissen des Alltags, auf die wir alle schon gedrillt worden sind, verschüttet wird. Auch der Wunsch nach Verlängerung des Lebens, der ewigen Jugend, nach Reichtum, Liebe und gesellschaftlicher Geltung sowie Anerkennung treibt unsere Art an, das scheint gewiss zu sein", bestätigte die Enkelin. Warum dies alles stets auf Kosten anderer gehen müsse, warum der Faust auch über Leichen zu gehen bereit sei, das verleihe den vordergründig so menschlich anmutenden Begehrlichkeiten und Wünschen des Dr. Faust einen schalen Beigeschmack, ergänzte sie. Sie schwiegen. „Es ist cool, euch zuzuhören. Ich bin froh, hier zu sein. Ich bin froh, euch getroffen zu haben", sagte die Suchmaschine in die Stille hinein. Die Diva nickte zustimmend, die Enkelin lächelte ein wenig verlegen und Faust blickte auf und klopfte ihm anerkennend und durchaus dankbar auf die Schulter. Eine fremde Emotion schaffte sich in der Suchmaschine Raum, die er bis dato nur bei äußerst erfolgreich beendeten Computerspielen gespürt hatte. Er konnte sich nicht erinnern, wann er in der Gesellschaft von realen Menschen dieses bewegende, aufwühlende Gefühl empfunden hätte. Er begann zu verstehen, was die Enkelin am Strand gefühlt haben musste. Er war glücklich.

Sie verbrachten die folgenden Tage gemeinsam, genossen das sommerliche Wetter und ihre Jugend. Sie nahmen an den Aktivitäten im Urlaubsresort teil und hatten Spaß daran, erfreuten sich aber weiterhin an ihren tiefgründigen Gesprächen. Die Diva und die Suchmaschine tauten von Tag zu Tag mehr auf, fühlten sich in der Gegenwart ihrer Freunde so angenommen und sicher, dass sie sich ihrerseits immer häufiger in die philosophisch-literarischen Ergüsse der Enkelin und ihres Widerparts einbrachten, und so in den Gesprächen neue Perspektiven eröffneten. Das wird wohl mein Lateinlehrer in seiner Abschlussrede gemeint haben, dachte die Enkeln, wenn er von der Zeit für Muße gesprochen hatte. Sie hatten keineswegs das Vergangene vergessen, im Gegenteil, sie hatten einander durch ihre Erzählungen an der eigenen Vergangenheit teilhaben lassen. Ebenso wenig hatten sie das Gegenwärtige vernachlässigt, Seneca wäre stolz auf ihre zugegebenermaßen jugendliche Reflexion gewesen. Vor der Zukunft hatten sie keine Angst, die Welt solle ruhig kommen, dachte sie mit einem siegessicheren Gesichtsausdruck. Aber halt! Wie sollte diese Zukunft eigentlich aussehen? Viel Leidenschaft rumorte in ihren Gesprächen, ihre Vorstellungen über künftige Pläne wurden aber bisher noch in keinem Wort angesprochen. Die Maturareise neigte sich dem Ende zu und sie entschloss sich, das Thema Zukunft beim letzten gemeinsamen Strandspaziergang am Abreisetag auf die Tagesordnung zu setzen.

„Ich habe noch keine konkreten Pläne", stellte die Diva fest. Sie habe auch keinen sonderlichen Druck, da man ihr daheim versichert habe, sie könne sich in Ruhe umsehen, welches Studium sie beginnen wolle. „Obwohl", schränkte sie ein, „irgendwie habe ich schon den Eindruck, dass speziell mein Vater damit rechnet, dass ich ein Medizinstudium in Angriff nehme. Er hat immer wieder von Beziehungen geredet, wenn es um Aufnahmeprüfungen und Universitätswahl gegangen war, und die Option einer privaten Medizin-Universität ist auch mehrfach erwähnt worden." Auf die Frage, ob sie denn dermaßen an der Medizin interessiert sei, dass sie sich vorstellen könnte, ihr ganzes berufliches Leben damit zuzubringen, reagierte sie mit einem klaren und eindeutigen Jein. Die verständnisvolle Reaktion ihrer Freunde ermutigte sie. „Wie soll man derart folgenschwere Entscheidungen aus dem Stehgreif treffen können?", fragte sie. Die Suchmaschine hatte wie gewohnt blitzschnell recherchiert und verwies auf die unterschiedlichen Fakultäten und Fachbereiche, auf Studienförderungsprogramme und die Möglichkeit, an Universitäten Schnuppertage zu besuchen. Er glaubte, sich auch daran zu erinnern, in seiner Schule unzählige Plakate und Folder der Österreichischen Hochschülerschaft gesehen zu haben, die Werbung fürs Studium mit einem wenig geistreichen Wortspiel durch die Kombination zweier lateinischer Lehnwörter auf -*ieren* betrieb, um die Message in der Schülerschaft zu verbreiten, dass man das Studieren doch einfach probieren sollte. Die Enkelin ging in die Knie, legte die Stirn in Falten und zitierte mit verstellter Stimme die denkwürdige Szene aus *Star Wars – Episode V*, in der Yoda seinem zaudernden Padawan-Schüler Luke Skywalker mit den Worten „Tu es oder tu es nicht. Es gibt kein Versuchen!" den Kopf zurechtgesetzt hatte. „Ich werde dich spätestens heute Abend schon sehr vermissen", meinte Faust erheitert, und wollte wissen, was denn neben der sicheren Karriere als Yoda-Imitatorin die Zukunft für sie bereithalte. „Nun, ich werde wohl meiner Leidenschaft nachgeben und mich auch beruflich mit Philosophie und Literatur befassen." Bei diesen Worten formierten sich einige flüchtige Gedanken zu einer Idee. „Freunde, Maturareisende, Landsleute, leiht mir euer Ohr!", begann sie und sah wie Marcus Antonius in Shakespeares *Julius Caesar* feierlich in die Runde. „Warum präsentieren und erläutern wir einander nicht unsere Interessen, Wünsche oder potenziellen beruflichen Optionen wechselseitig als ganz persönliche Schnuppertage?" Die Diva habe doch ihr Interesse an Geschichte und Geografie bekundet, Faust mit diversen Unterrichtssituationen und der mangelnden Würdigung ernsthafter Literatur in seiner Schulzeit und dem Bildungswesen im Allgemeinen gehadert und die Suchmaschine hatte sich neben seiner technischen Expertise auch fundiertes politisches Wissen angeeignet. Die Enkelin unterbreitete den anderen ihre Vorschläge und führte einige zusätzliche Gedanken an, wie diese privaten Schnuppertage in Szene gesetzt werden könnten. Die von ihr vorgeschlagenen Interessensgebiete stießen auf breite Zustimmung und die Suchmaschine zerstreute die Bedenken der Diva, die sie in puncto Beschaffung valider Informationen äußerte, indem er ihr Unterstützung bei Recherchestrategien zusicherte. Sie vereinbarten einen Termin, an dem sie einander über ihre jeweiligen Arbeitstitel in Kenntnis setzen wollten. Die Maturareise endete unter zahlreichen Umarmungen und nicht ohne Abschiedstränen um 21 Uhr 59 in der Ankunftshalle eines mitteleuropäischen Flughafens.

Wieder zu Hause trat die Enkelin sofort mit ihrer Großmutter in Kontakt. Einerseits wollte sie ihre Gedanken mit ihr teilen, die sie auf der Reise beschäftigt hatten, anderseits war da noch ein Bekenntnis abzulegen. „Kannst du dich noch an unsere gemeinsamen Filmabende erinnern? Weißt du noch, wie ich beim *Club der toten Dichter* geweint habe? Ich glaube, jeder könnte so einen Captain, so ein Vorbild gut gebrauchen. Du", die Enkelin hielt inne und ergriff die Hand ihrer Großmutter, „du warst immer mein Captain. Danke." Beide rangen in diesem Moment mit den Emotionen. „Schön, dass du wieder da bist", sagte die sichtlich gerührte Kapitänin und führte die junge Frau in den Wintergarten, der wandseitig vollständig mit Bücherregalen verbaut war. Die Enkelin lieferte ausführliche Berichte über die Erlebnisse und Eindrücke auf der Ferieninsel, fabulierte über ihr Schnuppertage-Projekt und gab einige Anekdoten über die neuen Freunde, die sie dort kennen- und schätzen gelernt hatte, zum Besten. „Das muss der Neid dir lassen", bemerkte die Großmutter, „wer kann schon von sich behaupten, er habe im Urlaub Doktor

Faust, eine echte Diva und sogar eine menschliche Suchmaschine kennengelernt? Du bist sicher, dass Letztere kein Android war?" – „Ganz sicher!", lachte die Enkelin. Dieses Recherchetalent sei sogar sehr menschlich gewesen. „Alle drei sind sehr besondere Menschen", fügte sie nachdenklich hinzu. „Apropos Menschen und menschlich. Du weißt nicht zufällig eine menschliche Behausung, einen passenden Ort, an dem wir unsere Schnuppertage abhalten könnten?" – „Natürlich kenne ich den idealen Platz dafür. Du befindest dich ebendort", erwiderte die Großmutter mit einem Augenaufschlag, der „Hallo? Wo denn sonst?" zu sagen schien. „Ruhig, abgelegen, überreich mit Exemplaren der schwarzen Kunst bestückt, Faust wird sich hier so zu Hause wähnen wie in seinem gotischen Studierzimmer. Die Diva kann sich abends in den Glasfronten wie in einem Spiegel betrachten und die Suchmaschine wird den Computer dort lieben, ebenso wie meine persönlichen Zugänge zu wissenschaftlichen Datenbanken. Ich werde noch ein Rednerpult organisieren und einige technische Upgrades bereitstellen, falls jemand eine Projektionsfläche als optische Unterstützung benötigt." – „Ich werde meine Freunde von deinem generösen Angebot in Kenntnis setzen, hochverehrte Großmutter. Herzlichen Dank", meinte die Enkelin und unternahm einen fast gelungenen Hofknicks. „Gib deinen Freunden meine Kontaktdaten und sag ihnen, sie mögen ehebaldigst mit mir in Verbindung treten", bat sie. „So können sie sich mit den Gegebenheiten hier vertraut machen. Außerdem möchte ich diese außergewöhnlichen jungen Leute gerne kennenlernen."

Die Enkelin machte sich auf dem Heimweg erste detaillierte Gedanken über ihren Schnuppertag-Beitrag. Sie ahnte zu diesem Zeitpunkt weder, dass die Zeit bis zu den Präsentationsterminen derart rasch verfliegen würde, noch bemerkte sie den Umstand, dass ihre Freunde in den folgenden Wochen Stammgäste bei ihrer Großmutter werden sollten, die sich an manchen Tagen gleichsam die Klinke in die Hand gaben.

2 Petrarca lesen ist nicht schwer, ihn zu verstehen dagegen sehr ...?

Die Beschäftigung mit dem *poeta laureatus*, dem gekrönten oder bekränzten Dichter Francesco Petrarca (1304-1374), erfordert neben nicht unerheblichen Kenntnissen antiker Literatur, einem Basisverständnis mythologischer Figuren und deren Deutung sowie christlicher Denkmuster vor allem eines – Geduld. Es scheint problematisch, sich nur einem Text aus dem umfangreichen Oeuvre des Dichters zu widmen, ohne dabei Gefahr zu laufen, dem Zauber von Sprache und Bildlichkeit zu erliegen und dabei die zahlreichen Allegorien und Exempla aus den Augen zu verlieren, die eine Allegorese notwendig machen, um hinter dem *sensus literalis* die tiefere philosophische oder theologische Bedeutung sichtbar oder zumindest erahnbar zu machen. So können die Texte Petrarcas als „Kunstwerk" im wahrsten Sinne des Wortes verstanden werden, die durchgeplant und zusammengestellt, mehrfach überarbeitet und umgruppiert gleichsam das Leben des Autors, seine humanistische Lebensführung, zum „Gesamtkunstwerk" stilisieren.[19] Es gilt als erwiesen, dass er sein vergangenes Leben oftmals umkonstruierte, um etwaigen „Anschlägen der Fortuna" nachträglich einen tieferen Sinn zu verleihen. Seine Lebensführung richtete er an den hochverehrten antiken Vorbildern aus und es hat den Anschein, dass nicht nur seine Literatur der antiken Literatur entstammte, aus ihr seine Beispiele und Vergleiche für ein würdiges Leben und eine gerechte Weltordnung entsprangen, sondern dass sein ganzes Dasein aus der Nachahmung literarischer Vorbilder bestand. So ist es mitunter schwierig, die detaillierten Kommentare und Erläuterungen Petrarcas

---

19 Vgl.: Gerhard Hoffmeister: Petrarca. Metzler, Stuttgart u. Weimar 1997. (=SM 301). S. 8.

zur Entstehungsgeschichte und den Motiven seiner Schriften unreflektiert anzunehmen, da offenbar in seinem literarischen Lebensentwurf Dichtung und Wahrheit, aber auch Religiosität und Humanismus eine schwer zu trennende Synthese eingegangen waren.[20]

Die gezielte Planung seines Dichterlebens, seine Selbstinszenierung, die wohl schon in der Krönung zum *poeta laureatus* im Jahr 1341 einen Höhepunkt fand, hat sein Schaffen nachhaltig beeinflusst. Die Hintergründe und den engen Zusammenhang zwischen Leben und Werk, gleichsam die „Selbstkanonisierung"[21] des Dichters, schildert Peter Kuon detailreich anhand Petrarcas Dichterkrönung und der Aufgabe des epischen Projekts *Africa*. Durch die Verherrlichung des Dichters und des Feldherrn – die literarischen antiken Vorbilder stellten Ennius und der ältere Scipio Africanus dar – sollte seine eigene Erhebung gemeinsam mit dem „modernen Scipio", dem König von Neapel Robert von Anjou, Graf der Provence und somit weltlicher Herr Avignons, in einem opulenten Epos gefeiert werden. Nach dem Tod des Königs Anfang des Jahres 1343 sah Petrarca, der „schon früh das Bewusstsein, er allein habe das Potenzial, zu *dem* Dichter zu werden, den die Nachwelt auf einer Ebene mit den großen Autoren der klassischen Antike mit dem Namen seiner Heimatstadt verbinden werde"[22], entwickelt hatte, keinen der Karriere dienlichen Grund mehr, seine *Africa* zu vollenden, wenngleich er zeitlebens am

---

20 Vgl.: Ebd.: S. 9.
21 Vgl.: Peter Kuon: „Petrarcas Selbstkanonisierung". In: Bernd Engler u. Isabell Klaiber (Hg.): Kulturelle Leitfiguren – Figurationen und Refigurationen. Berlin 2007. S. 57-68.
22 Vgl.: Peter Kuon: Ritual und Selbstinszenierung: Petrarcas Dichterkrönung. (im Rahmen der Ringvorlesung „Rituale – Feste – Zeremonien. Kulturen und Ästhetiken der Repräsentation im Mittelalter" WS 2010/2011) als PDF auf https://www.plus.ac.at/wp-content/uploads/2021/02/1411175.pdf (22.04.2022). S. 2.

geliebten Fragment feilte. Aber die einem klassischen *triumphus* nachempfundene Dichterkrönung war bereits vollzogen und somit sein Ruhm unter den Zeitgenossen zementiert. Er wurde zwar nicht, wie er es sich erhofft hatte, der „moderne Vergil des modernen Augustus" und ging nicht als epischer Dichter in die Literaturgeschichte ein, hielt aber zeitlebens an dem Status, den er sich mit seiner *laureatio*, oder besser gesagt, mit der von ihm so inszenierten und mit symbolischer Bedeutung befrachteten *laureatio* erworben hatte, hartnäckig fest.[23] Der so erhöhte und bekränzte Dichter sieht sich auf einer Stufe mit den gekrönten Häuptern, denn er ist es, der durch seine Werke bleibenden Ruhm schafft. Er muss letztlich nur Demut vor Gott zeigen. Die Art und Weise, wie Petrarca Karl IV. in seinen Briefen entgegentritt, den Kaiser bisweilen lobt, an anderer Stelle tadelt oder endlich Taten und nicht nur mehr endlose „Beratungen" fordert, ist deutliches Zeichen für dieses Selbstverständnis als bedeutende Persönlichkeit des öffentlichen Lebens. „Tu refugis et, ubi facto opus est, longissimis consultationibus tempus trahis."[24] Die Selbsttitulierung des Dichters als „homo pusillus et incognitus"[25] ist lediglich ein rhetorischer Bescheidenheitstopos.

Es sind in der Vergangenheit zahlreiche Versuche unternommen worden, die biographische wie die literarische Entwicklung Petrarcas nachzuzeichnen. Paul Piur fasste die „inneren Widersprüche" im Dichterleben so zusammen, „daß der Sänger der keuschen Lauralieder eine nicht unbewegte Jugend genossen, daß der grimme Strafrichter Avignons von den Früchten dieser vielgeschmähten Tafel ausgiebig genascht, daß der Lobredner der Einsamkeit die Hälfte seines Lebens an

---

23 Vgl.: Ebd.: S. 14.
24 Francesco Petrarca: Aufrufe zur Errettung Italiens und des Erdkreises. Ausgewählte Briefe hrsg. von Berthe Widmer. Schwabe & Co., Basel 2001. Fam. 10,1. S. 370.
25 Ebd.: S. 370.

rauschenden Fürstenhöfen zugebracht, daß der leidenschaftliche Schwärmer für den Glanz der ewigen Roma dieselbe Roma doch hartnäckig als Wohnsitz abgelehnt hat"[26]. An der Schwelle zur Frühen Neuzeit stehend, sah sich Petrarca in ständigem Kampf zwischen den Verlockungen der Welt wie Liebe, Ruhm und Reichtum und der Erkenntnis ihrer Vergänglichkeit. Die tiefe spätmittelalterliche Religiosität, die Sehnsüchte der Seele und der Wunsch nach himmlischer Liebe standen im Gegensatz zu den irdischen Begierden. Petrarcas Leben und Werk scheint zwischen diesen Polen zu oszillieren, einmal mehr der einen Seite zugeneigt, einmal eher zur anderen tendierend. Oder gelang es dem Dichter bisweilen doch, den Konflikt zwischen Immanenz als „horizontale" Denkform und Transzendenz als „vertikale" Denkform zumindest literarisch beizulegen?[27]

Die Enkelin blickte in die Runde, sah in die fragenden Gesichter ihrer Freunde und bemerkte das anerkennende Nicken ihrer Großmutter, die sie durch ihre Blicke und Mimik sehr eindringlich zu erläuternden Worten zu ermutigen suchte. „Petrarca stand also mit einem Bein noch im Mittelalter mit seiner Frömmigkeit und seinem religiös dominierten Blick auf die Welt und mit dem anderen bereits in der von ihm selbst vorangetriebenen Renaissance, die durch die studia humanitatis, die Rückbesinnung auf die antike Philosophie und Literatur, den das diesseitige Leben bejahenden Humanismus hervorbringen

---

26 Paul Piur: Petrarcas „Buch ohne Namen" und die päpstliche Kurie: Ein Beitrag zur Geistesgeschichte der Frührenaissance. Halle a. d. Saale 1925. S. 133.
27 Vgl.: Manfred Kern: „Parlando". Trivialisierte Bildlichkeit, transgressive Produktivität und europäischer Kontext der Minnerede. In: Ludger Lieb u. Otto Neudeck (Hg.): Triviale Minne? Konventionalität und Trivialisierung in spätmittelalterlichen Minnereden. Walter de Gruyter, Berlin 2006. S. 55-76. S. 73-74.

sollte. Immanenz und Transzendenz, also Diesseits und Jenseits oder Weltliebe und Weltverachtung waren gewissermaßen die beiden Pole, zwischen denen der Dichter sich bewegte." Die Gesichter ihrer Freunde hatten sich ein wenig aufgehellt und Faust ergänzte, dass Petrarca ein Paradebeispiel für einen faustischen Menschen gewesen sei. Er habe nach Erkenntnis ebenso gestrebt wie nach Anerkennung und Liebe, wollte die Welt verstehen und verändern, aber auch alles genießen, was das irdische Leben bieten konnte. „Davon abgesehen hatte er seine Karriere im Blick, wenn er ein großes Werk begann, um sich bei einem möglichen Gönner lieb Kind zu machen, das Projekt aber nach dem Ableben des Mäzens einstellte, weil es nicht mehr opportun war", fügte er hinzu. „Ich finde diese Inszenierung des gesamten Lebens unglaublich, er hat sogar Schicksalsschläge nachträglich als Eingriffe der Fortuna, als göttliche Vorsehung umgedeutet, um sein Leben als Gesamtkunstwerk in allen Facetten durchzustylen. Er hat alles darangesetzt, ein Idealbild seiner selbst für die Nachwelt zu schaffen", stellte die Diva fest. „Sogar seine Kommentare zum eigenen Leben sind kritisch zu hinterfragen, auch sie sind möglicherweise Teil der Selbstinszenierung", fügte die Enkelin hinzu. Die Diva schaute nachdenklich in Richtung Fensterfront, die durch die bereits hereingebrochene Dunkelheit wie ein Spiegel wirkte, in dem sie ihr Abbild deutlich erkennen konnte. „Es ist wohl auch eine menschliche Eigenschaft, stets vor dem eigenen Umfeld und der Öffentlichkeit in gutem Licht erscheinen zu wollen, vielleicht gerade wegen des Umstandes, dass man nicht alles an der eigenen Person und Persönlichkeit mag. Man ist bis zu einem gewissen Grad süchtig nach Anerkennung", sagte sie leise. Die Suchmaschine war ihren Blicken bis zu ihrem Spiegelbild gefolgt und meinte, Petrarca hätte wohl diverse Selbstdarstellungsplattformen der neuen Medien erfunden, wären die technischen Voraussetzungen zu seiner Zeit gegeben gewesen. „Vermutlich hätte er auch das Selfie erfunden", scherzte die Enkelin und setzte ihren Vortrag fort.

2.1 Sine nomine

„Quid agis, bone vir? Quid agis, pater optime? Quid agis, oro te, quid cogitas? Quem rebus exitum, quem presenti naufragio finem speras?"[28] Diese brennenden Fragen richtet Francesco Petrarca an den nicht namentlich genannten Adressaten und zeichnet dann das Bild des Schiffbruchs, verursacht durch den greisen Steuermann, der weintrunken und altersmatt im Schlaf kopfübersinkt. Der Dichter fleht zu Gott, er möge doch seinen Kahn, den er so fürchterlich schlingern sieht, mit eigener Hand über das nächtliche Meer hin lenken.[29] Er nennt auch die Ursachen für den Schiffbruch und die katastrophale Lage des „Kahns der Kirche": „Fecit hoc furor et rabies et turpis inertia et procellosi litoris feruidis apetitus et rationis imperium fortune traditum et hortatu fede cupidinis pondus infame susceptum."[30] Verantwortlich seien also neben dem Übermut, dem Wahnwitz, der schändlichen Trägheit und der verzehrenden Raffsucht des „brausenden Strandes", welcher unzweifelhaft die Provence und die in Avignon sitzende Kurie meint, vor allem der Übergang der Herrschaft der Vernunft an Fortuna und die sträfliche Amtsübernahme auf Anraten infamer Begierde. Jener Steuermann, dessen Unkenntnis und Unwissenheit (inscitia) an der Misere schuld sei und der besser den väterlichen Acker bestellt hätte als das Fischerboot – eine

---

28 Francesco Petrarca: Aufrufe zur Errettung Italiens und des Erdkreises. Ausgewählte Briefe hrsg. von Berthe Widmer. Schwabe & Co., Basel 2001. Sine nom. 1. S. 228-231. S. 228.
29 Petrarca zitiert an dieser Stelle Vergil Aeneis V, 867-868. „O, si *Pater excelsus amisso fluitantem errare magistro* sentiens *ipse* etiam *ratem* suam *nocturis in undis* regat" (bei Vergil: cum pater amisso fluitantem errare magistro sensit, et ipse ratem nocturnis rexit in undis multa gemens casuque animum concussus amici).
30 Francesco Petrarca: Aufrufe zur Errettung Italiens und des Erdkreises. Ausgewählte Briefe hrsg. von Berthe Widmer. Schwabe & Co., Basel 2001. Sine nom. 1. S. 228.

Metapher für das Papstamt als Nachfolge Petri – zu besteigen, werde ewigen, jedoch schändlichen Ruhm bei allen nachfolgenden Schiffern erlangen – postremo omnibus hoc mare sulcantibus in eternum fabula. Ob nun Papst Benedikt XII. oder dessen Nachfolger Clemens VI. Ziel dieses wohlformulierten Angriffes waren, lässt sich ebenso wenig feststellen wie der Adressat des Briefes nicht mit Sicherheit bestimmbar bleibt.[31] Weitaus bedeutsamer als eine exakte Datierung und Zuordnung dieses „offenen Briefes"[32] sind die an dieser Stelle eingeführten zwei zentralen Begriffe: Ratio und Cupido als bestimmende Faktoren der menschlichen Existenz, die einerseits jedem Individuum gleichsam das Mensch-Sein konstituierend innewohnen, andererseits auch durch das Spannungsverhältnis zwischen Vernunft und triebhafter Begierde in einer unruhigen und gefahrvollen Zeit eine Abkehr vom Irdischen und eine Hinwendung zum Transzendenten bedingen. Dies scheint dem Verfasser an einem Ort der Ruhe und Kontemplation möglich und so rät er seinem Adressaten, sich nach der „rettenden Planke" für die Schiffbrüchigen umzusehen[33] und sich gemeinsam auf dessen Landgut zurückzuziehen.

Alle 19 Briefe im „Buch ohne Titel", dessen Abschluss der Aufruf an Kaiser Karl IV. bildet, Recht und Ordnung

---

31 Ein möglicher Adressat könnte der Bischof von Cavaillon, Philippe de Cabassoles, sein, zu dessen Diözese Petrarcas Refugium Vaucluse gehörte. Vgl. dazu: Paul Piur: Petrarcas „Buch ohne Namen" und die päpstliche Kurie: Ein Beitrag zur Geistesgeschichte der Frührenaissance. Halle a.d. Saale 1925. Anmerkungen zu Ort, Datierung und Adressaten: S. 315-325.
32 Vgl.: Rolf-Bernhard Essig: Der Offene Brief. Geschichte und Funktion einer publizistischen Form von Isokrates bis Günther Grass. Königshausen u. Neumann, Würzburg 2000. (Diss. Bamberg 1999). S. 65-67.
33 Francesco Petrarca: Aufrufe zur Errettung Italiens und des Erdkreises. Ausgewählte Briefe hrsg. von Berthe Widmer. Schwabe & Co., Basel 2001. Sine nom. 1 S. 230. „Tu vero circumspice, si qua est ad enatandum tabula, quam complexi in siccum evadamus."

wiederherzustellen, richten sich als thesenhaft formulierte Kampfschriften gegen das avignonesische Papsttum. An die Stelle des ciceronianischen Stils anderer Briefsammlungen Petrarcas treten hier vehemente Formulierungen und stilistische Mischformen im Geiste der Satiren Juvenals.[34] Die einzelnen Briefe dieser Sammlung sagen einiges über das Selbstverständnis des Verfassers aus, über seine Sicht auf die Probleme der Epoche wie auch über seine Vision diese zu lösen. Die scharfe Anklage gegen die Kurie, der Vergleich Avignons mit Babylon, die Begeisterung für Rom und gleichzeitige Klage über die momentanen Zustände in der ewigen Stadt finden sich im „Buch ohne Titel" ebenso wie Aufrufe zur Unterstützung von Cola di Rienzo. In Sine nomine 12 bittet Petrarca um das Erbarmen Christi, im 17. Brief beschreibt er die Konstantinische Schenkung, jene mittelalterliche Fälschung zur Legitimation weltlicher Ansprüche der Kurie, als Wurzel allen Übels. Bemerkenswert ist Sine nomine 6, weil der Dichter, nach detailreicher Schilderung Avignons als Sammelpunkt aller Frevel dieser Welt, der Frage nachgeht, wie die politische und moralische Situation literarisch angemessen zu behandeln sei. Derartiges sei bisher weder von Historiographen noch von Dichtern berichtet worden, deshalb gelte es, eine adäquate Gattung und einen neuen Ton zu finden, da nicht einmal die schaurigen Szenen eines Seneca oder die scharfen Satiren eines Juvenal diesem neuen „Babylon" gerecht würden. Er selbst werde nun schreiben, die Wahrheit werde diktieren, die ganze Menschheit werde Zeuge sein und die Nachwelt Richter.[35] Diese Wahrheit glaubte Petrarca in den „heiligen

---

34 Vgl.: Hans Grote: Petrarca lesen. Friedrich Frommann Verlag, Stuttgart 2006. (=Legenda 7) S. 99-100.
35 Francesco Petrarca: Aufrufe zur Errettung Italiens und des Erdkreises. Ausgewählte Briefe hrsg. von Berthe Widmer. Schwabe & Co., Basel 2001. Sine nom. 6. S. 241. „Ego scribam, Veritas dictabit, humanum genus omne testabitur. Iudex esto posteritas!"

Texten" wiedergefunden zu haben, in den christlichen wie in den nicht-christlichen Werken der römischen Antike. Er setzte die Literatur für sein Ideal ein, Wege zu finden und anderen aufzuzeigen, auf denen es möglich erschien, zu menschlicher Würde und zu einer für alle wohltätigen Ordnung zu gelangen.

Die antiken Texte boten aus seiner Sicht in formvollendeter Sprache die besten Lehren und erhabensten Beispiele wahrhafter Tugend und sollten als Richtschnur und Wegweiser in seiner dem Verfall preisgegebenen Gegenwart dienen. Rom sollte wieder Sitz von Imperium und Sacerdotium werden, dadurch zu alter Größe emporsteigen und in neuem Glanz erstrahlen. So scheint im „Buch ohne Titel" vieles grundgelegt, um sich Petrarcas Schaffen und seiner Person anzunähern, lesend den Dichter und seine Epoche langsam dem reinen Wortsinn zu entwinden und bisweilen ein ganz persönliches Verständnis seiner Worte, Exempla und Bilder zu gewinnen.

Die Enkelin signalisierte ihre Bereitschaft, Ergänzungen und Erklärungen zu liefern. Faust ergriff das Wort und stellte fest, dass der Dichter seine selbstinszenierte Erhöhung und die daraus resultierende hohe soziale Stellung nutzte, um Gesellschaftskritik zu üben. „Ein Niemand wird wohl kaum ernst-, geschweige denn überhaupt wahrgenommen. Das hat sich bis zum heutigen Tag kaum geändert", fügte er hinzu. „Obwohl – man denke an die junge schwedische Schülerin, die seit 2018 eine weltweite Jugendbewegung auf den Weg gebracht hat", ergänzte er. „Nun ja, ohne den medialen Hype um sie, wäre sie wohl ein Niemand geblieben", stellte die Diva fest. Die Enkelin verwies darauf, dass die modernen Informationstechnologien in manchen Fällen auch ihr Gutes hätten, würden sie nicht meistens zu demokratiepolitisch gefährlicher Manipulation aus machtpolitischem Kalkül oder zu Konsumentensteuerung aus schlichter wirtschaftlicher Gier missbraucht. „Hätte Greta Thunberg ihre Gedanken wie Petrarca erst zu Papier und damit unters Volk bringen müssen, würde sie vermutlich heute niemand außerhalb ihrer Heimatstadt kennen", meinte die Diva. „Wer war eigentlich Cola …?" Sie kam nicht dazu, ihre Frage auszuformulieren. „Cola di Rienzo, geboren 1313 in Rom, gestorben am 08.10.1354 ebenda, war ein römischer Politiker und Volkstribun. Er wurde der Nachwelt besonders bekannt durch das dreibändige Romanwerk *Rienzi, or the Last of the Tribunes*, zu Deutsch *Rienzi, der letzte Tribun* von Edward Bulwer-Lytton aus dem Jahr 1835 und die davon inspirierte Oper *Rienzi* (1842) von Richard Wagner. Cola di Rienzo ist bis heute eine umstrittene Figur. Für die einen ist er ein Humanist und Fixstern der Renaissance, für die anderen ein größenwahnsinniger Tyrann."[36] Die Suchmaschine nahm den Dank der Diva mit einem Lächeln entgegen und sagte lapidar: „Politische Empfehlungen von Dichtern und Denkern werden bis heute ignoriert. Ob die gewählten Volksvertretungen diese Weisheiten nicht verstehen können oder einfach nicht wollen, wird noch zu klären sein. Irgendwann." Man könne also annehmen, fügte die Enkelin hinzu, Petrarca sei ein politisch aktiver Dichter gewesen, der seinen Bekanntheitsgrad genutzt hat, um weltliche wie kirchliche Missstände zu kritisieren und aufzudecken. „Heute würde er vermutlich als Blogger und Whistleblower aktiv sein", sagte sie und fuhr mit ihren Ausführungen fort.

2.2 *Secretum und De otio religioso*

Dem Zwiespalt zwischen Irdischem und Transzendentem in der menschlichen Existenz widmete Petrarca zahlreiche Schriften, deren Bedeutsamkeit für eine Annäherung an den Dichter und sein Werk kaum zu überschätzen sind. Das *Secretum* wird unter verschiedenen Titeln wie *De secreto conflictu*

---

36 https://de.wikipedia.org/wiki/Cola_di_Rienzo (14.11.2022).

curarum mearum, Liber maximus rerum mearum und *De contemptu mundi* geführt. Nicht nur aufgrund der Tatsache, dass das *Secretum* eines seiner wenigen abgeschlossenen Werke darstellt, welches als sein „Geheimnis" nicht zur Veröffentlichung gedacht war und erst posthum bekannt wurde, gilt der Text als Meisterwerk, sondern vor allem deshalb, weil Petrarca dem „Leser in einer geistigen Begegnung mit Augustin Einblick in seine seelische Verfassung, d. h. in das ständige Ringen um sein Selbst- und Weltverständnis gewährt."[37] Im Geiste antiker und mittelalterlicher Allegorien erscheint Francesco Petrarca die personifizierte Wahrheit und lädt ihn zu einem dreitägigen Gespräch mit Augustinus, der ihm gleichsam als Psychagogos, als Seelenführer, Strafprediger und Beichtvater zur Seite steht. Augustinus scheint als Seelenarzt bestens geeignet, hatte er doch ähnliche Krisen erlebt wie Petrarca, der wiederum dessen *Confessiones* nicht als die Geschichte eines anderen, sondern als Bericht seiner eigenen Pilgerschaft gelesen habe.[38] Der Text verhandelt die „tödliche Krankheit" des Dichters, dessen Leben im Spiegel der sieben Todsünden und seine ihn „rettenden" Tugenden wie die Liebe zu Laura und das Streben nach Ruhm. Sein spätantiker Seelenarzt liefert die folgende Diagnose: Sein Leiden bestehe im planlosen Schwanken ohne geistige Mitte, einer Willensschwäche, die Augustinus als Weltschmerz (accidia), als unheilvolle Seelenpest deutet und den Francesco regelrecht auskoste.[39] So lautet der „ärztliche" Rat: Memento mori! Von seinem „Beichtvater", der doch den rechten Weg gefunden hatte, erwartet nun der

---

37 Gerhard Hoffmeister: Petrarca. Metzler, Stuttgart u. Weimar 1997. (=SM 301). S. 43.
38 Francesco Petrarca: Opere latine hrsg. von Antonietta Bufano. 2 Bde. Turin 1975. S. 68. „non alienam sed propriam me peregrinationis historiam".
39 Ebd.: S. 140. „funesta [...] pestis animi" und „lacrimis et doloribus pascor"

Dichter Heilung und Lebenshilfe. Er zeigt sich an den beiden ersten Gesprächstagen einsichtig und reumütig und bekennt sich des Hochmuts und der Trägheit schuldig. Am dritten Tag des Dialogs erscheint Francesco überraschend widerspenstig, denn der dichterische Ruhm beweise den hohen Rang, welcher der Literatur in der menschlichen Gesellschaft zukomme. Deshalb müsse er seine noch unvollendeten Werke abschließen. So entscheidet er sich bewusst für den unsicheren Umweg des literarischen Ruhms und gegen den ihm nahegelegten direkten Erlösungsweg und meint „non ignarus, ut paulo ante dicebas, multo mihi futurum esse securis studium hoc unum sectari et, deviis pretermissis, rectum callem salutis apprehendere."[40] Indem der Dichter anfügt, dass er dieses Verlangen nicht zügeln könne[41], beruft er sich auf die *conditio humana,* die menschliche Natur, die ihm keine Wahl lasse. So muss der strenge Kirchenvater ihn mit den Worten gewähren lassen: „Aber so sei es denn, da es anders nicht sein kann."[42] Petrarca scheint den historischen Kirchenvater Augustinus, den christlichen Lehrer des Sündenfalls und Schöpfer des mit einer *contradictio in adiecto* operierenden Paradoxons *mundus immundus*[43]*,* zum Kronzeugen rationaler antiker Kultur, zum Vermittler antiker Philosophie, der Stoa und Platons und ihrer Synthese mit dem Christentum umgedeutet zu haben. Er reflektiert zwar die neu gewonnene Einsicht, sieht sich aber

---

40 Francesco Petrarca: Secretum meum hrsg. von G. Regn u. B. Huss. Dieterich'sche Verlagsbuchhandlung, Mainz 2004. (=excerpta classica 21). Secretum III, 104. S. 399.
41 Ebd.: „Sed desiderium frenare non valeo."
42 Ebd.: Secretum III, 105. S.401. „Sed sic eat quando aliter esse non potest."
43 Augustinus: Opera Omnia, Tomus V, Pars I, Sp. 782. Paris, 1837. (=Sermones de scriptures CV, 6,8). Quid strepis, o munde immunde? quid strepis? Quid avertere conaris? […] Felix sit mundus, evertatur mundus.

außer Stande, die von Augustinus geforderte Einheit von „Wille und Tat" in der Praxis umzusetzen.

Die bereits in seinem Traktat *De vita solitaria* eingeführte Technik der kontrastiven Dopplung, in welcher die Argumentation nicht mit einer in der Folge zu belegenden These, sondern mit zwei gegenübergestellten Genrebildern des Alltags in einer geschäftigen Stadt und in ländlicher Abgeschiedenheit beginnt, nutzt Petrarca auch in *De otio religioso*. Dem Lob des „Himmlischen Jerusalems", der Stadt Gottes als Bild des klösterlichen Lebens in Abgeschiedenheit am Beginn des ersten Buchs des Traktats, wird im zweiten Buch die leere Geschäftigkeit „Babylons" gegenübergestellt, eine Geschäftigkeit, die Petrarca mit der biblischen Formel „Vanitas vanitatum et omnia vanitas" ebenso illustriert wie mit Zitaten aus den Satiren des Horaz und Juvenal. Der Widerstreit zwischen *vita activa* und *vita contemplativa*, der zentrales Thema in *De vita solitaria* war, wird nun um die Dimension der bereits in der Antike verhandelten Leib-Seele-Dichotomie erweitert.[44] Der menschliche Körper, das Behältnis der Seele, verfolgt das Individuum – hin- und hergerissen zwischen *vita activa* und *contemplativa*, zwischen geschäftigem städtischen Treiben und klösterlicher Abgeschiedenheit – Zeit seines Lebens, bis zum erlösenden Augenblick des Todes.[45] Der Dichter wird die Flüchtigkeit alles Irdischen mit dem „vanitas"-Topos und die Vergänglichkeit des Menschen und seiner Werke mit dem „ubi sunt?"-Topos noch in zahlreichen Schriften thematisieren, das Verfahren der kontrastiven Dopplung noch verfeinern und den

---

44 Vgl.: Hans Grote: Petrarca lesen. Friedrich Frommann Verlag, Stuttgart 2006. (=Legenda 7). S. 64-65.
45 Francesco Petrarca: De otio religioso hrsg. von G. Rotondi. Bibliotheca Apostolica Vaticana, Citta del Vaticano 1958. (=Studi e testi 195). S. 65, 23-26. „et dum vivimus, quocunque fugerimus, illa nos sequitur, ubicunque latuerimus, illa nos invenit. Itaque nulla homini inde requies, nulla usque ad ultimum consummata securitas."

„Konflikt zwischen moralischem Sollen, individuellem Wollen und tatsächlich Machbarem"[46] in der prekären *conditio humana* des ausgehenden Mittelalters als zentrales Motiv seines Schaffens beibehalten. Im November 1373, kurz vor seinem Tod, reflektierte er die Auseinandersetzung mit diesem zentralen Aspekt seines Lebens und Schreibens mit den Worten: „Nam neque unus est aditus ad intentum et pluralitas herere animum cogit ut ambiguum in bivio viatorem."[47] Denn mehr als einen Zugang gebe es zu seinem Ansinnen, die Vielfalt zwinge ihn, wie ein unschlüssiger Wanderer am Scheideweg innezuhalten.

Die Diva schaute ein wenig verloren und verzweifelt, die Suchmaschine tippte und wischte inbrünstig. „Keine Sorge, meine Freunde!", beruhigte die Enkelin die Anwesenden. „Wir werden uns nun Zeit nehmen, dies alles zu klären. Suchmaschine, bitte sag uns, was du zu Augustinus gefunden hast." – „Augustinus von Hippo, meist ohne Zusatz Augustinus oder Augustin, gelegentlich auch Augustinus von Thagaste, geboren am 13.11.354 in Tagaste, heute Souk Ahras, Algerien, gestorben am 28.08.430 in Hippo Regius nahe dem heutigen Annaba, Algerien, war ein römischer Bischof und Kirchenlehrer. Er gilt neben Hieronymus, Ambrosius von Mailand und Papst Gregor dem Großen als einer der vier lateinischen Kirchenväter der Alten Kirche, deren Konsens in dogmatischen Fragen kanonische, das heißt verbindliche Geltung zugesprochen wurde. Seine kritischen Schriften gegen konkurrierende christliche Sekten und polytheistische Glaubensvorstellungen, sein Antijudaismus, also die Feindschaft gegen das Judentum im *Tractatus adversus Judaeos*, der Glaube an gerechte Gotteskriege

---

46 Hans Grote: Petrarca lesen. Friedrich Frommann Verlag, Stuttgart 2006. (=Legenda 7). S. 69.
47 Francesco Petrarca: Über den Fürsten – Rerum senilium liber XIV 1 hrsg. von M. Wien. Norderstedt: Books on Demand, 2005. (Diss. Berlin 1992). S. 3.

und eine körperfeindliche Sexualethik wirkten bis zur Neuzeit nach. Er wurde im Mittelalter ebenfalls zur Legitimation der gewaltsamen Verfolgung von Anhängern diverser Irrlehren und deren erzwungene Rückführung in den Schoß der Kirche herangezogen."[48] – „Danke!" Die Enkelin nickte der Suchmaschine anerkennend zu und fuhr fort. „Man könnte heute den Kirchenlehrer Augustinus also als Hardliner bezeichnen, der auch Gewalt mit den biblischen Texten rechtfertigte. Doch sollte man historische Figuren nicht ausschließlich mit den Moralvorstellungen des 21. Jahrhunderts, sondern speziell im Kontext ihrer Lebensumstände und ihres Umfeldes betrachten. Im sehr persönlichen *Secretum* lädt die personifizierte Wahrheit nun den Dichter Petrarca zu einem dreitägigen Gespräch mit Augustinus ein, welcher nicht nur als Seelendoktor und Beichtvater, sondern auch als Reibebaum für die eigenen Ansichten des Dichters fungiert. Petrarca findet sich in den *Confessiones*, den berühmten Bekenntnissen des Kirchenvaters wieder, wenngleich er ihn in seinem eigenen Sinne umdeutet und den Kirchenlehrer des Sündenfalls nutzt, um die eigene Affinität zu allen Aspekten des antiken Denkens und Handelns zu erklären und rechtfertigen." – „Der weithin bekannte antike Name wird zur Darstellung der eigenen Sicht auf die Welt und letztlich zur Selbstdarstellung genutzt", stellte die Diva fest. „Ja, wenn man es so ausdrücken will. Petrarca stand mit diesem Kunstgriff seinem Landsmann Dante Alighieri um nichts nach, in dessen *Commedia* neben anderen Vergil, eine bekannte Größe der antiken Literatur, als Führer durch die Hölle auftreten durfte. Über die Verbindung von Petrarca und Dante erfahrt ihr später noch mehr." Über die conditio humana, die menschliche Natur zu sprechen, sei sein ganz spezielles Geschäft, meinte Faust mit einem Augenzwinkern. Petrarca habe damit bereits gegen Augustinus im *Secretum* gepunktet

---

[48] https://de.wikipedia.org/wiki/Augustinus_von_Hippo (14.11.2022).

und in *De otio religioso* den Zwiespalt zwischen vita activa, dem aktiven Leben im Diesseits einerseits, und vita contemplativa, dem mitunter auch zur Selbstfindung hilfreichen, jedoch nach innen gerichteten Leben in potenzieller Abgeschiedenheit andererseits, erklärt. „Wir bestehen aus Körper und Seele – oder aus Körper und Geist, wenn euch das lieber ist. Die Vergänglichkeit alles Irdischen wird durch Aussagen wie ‚Alles ist wie Windhauch' oder ‚Bedenke, dass du sterblich bist!' betont. Unsere Existenz steht im ständigen Konflikt zwischen moralischem Sollen, persönlichem, triebhaftem Wollen und dem, was wir im Leben wirklich daraus machen können. Hier scheint Petrarca bereits Sigmund Freuds Thesen vom Über-Ich, vom Es und vom Ich vorweggenommen zu haben." Die Enkelin blickte in Gesichter der Anwesenden, um für sich zu klären, ob sich die kleineren und größeren Knoten in den Gehirnen bereits gelöst hatten. „Wie war das mit den Ubi-sunt-Fragen noch einmal?", fragte die Diva zaghaft. „Die Frage ‚Ubi sunt', zu Deutsch ‚Wo sind sie (geblieben)?', vollständiger ‚Ubi sunt, qui ante nos in mundo fuere?', zu übersetzen mit ‚Wo sind sie (geblieben), die vor uns auf der Welt waren?', ist ein aus der Bibel entnommener und formelhaft wiederkehrender Topos in der Predigt und Dichtung des Mittelalters, der dazu dient, dem Leser oder Hörer an Beispielen vergangener Macht oder Schönheit die Vergänglichkeit alles Irdischen in Erinnerung zu rufen und ihn auf das Jenseits als die Bestimmung des Menschen zu verweisen, der sich zuweilen aber auch mit nostalgischer Verklärung der Vergangenheit und zeitkritischer Klage über die Gegenwart verbindet."[49] – „Kann ich dich mieten?", fragte die Diva. „Es gibt noch mehr", lächelte die Suchmaschine. „Auch in J.R.R. Tolkiens *Lord of the Rings* gibt es eine berühmte Passage, in welcher der Ubi-sunt-Topos wirkungsmächtig eingesetzt wurde. Die Stelle wurde auch in der Verfilmung

---

49 https://de.wikipedia.org/wiki/Ubi_sunt (14.11.2022).

benutzt, wenngleich nicht mehr Legolas auf dem Weg nach Edoras die Verse zitiert, sondern Regisseur Peter Jackson König Theoden in Helms Klamm die schicksalsschweren Worte sagen lässt." Er setzte sich zurecht und eine traurig-tragische Miene auf. „Wo sind Reiter und Roß und das Horn, das weithin hallende?/Wo sind Harnisch und Helm und das Haar, das glänzend wallende?/Wo ist die Hand an der Harfe? Wo ist das lodernde Feuer?/Wo nun Frühling und Herbst und voll reifen Kornes die Scheuer?/Lang vergangen wie Regen im Wald und Wind in den Ästen;/Im Schatten hinter den Bergen versanken die Tage im Westen./Wer wird den Rauch des toten Holzes sammeln gehen/Oder die flutenden Jahre vom Meer wiederkehren sehen?"[50] Die Enkelin konnte nun getrost ihre Ausführungen fortsetzen.

2.3 Trionfi

In Petrarcas unvollendetem Epos *Africa* wollte die Synthese zwischen museninspiriertem Heldengesang, möglichst exakter Geschichtsdarstellung und gottgefälliger *pia carmina* zum Bedauern des Dichters nicht gelingen. So suchte er nach einer zeitgemäßeren Variante einer literarischen Großform, in der „Historisches und Mythisch-Fiktives, Antikes und Christliches zwar spannungsreich, aber doch nicht widersprüchlich nebeneinanderstehen."[51] Dementsprechend wurde Dantes 1321 abgeschlossene *Commedia* zum Vorbild und Modell der *Trionfi* und ersetzte Homer und Vergil, die noch für *Africa* als Richtschnur dienten. Die Wahl des italienischen *volgare* als Sprache

---

50 J.R.R. Tolkien: Der Herr der Ringe. Band 2. Die zwei Türme. Klett-Cotta, Stuttgart 2001. S. 135.
51 Hans Grote: Petrarca lesen. Friedrich Frommann Verlag, Stuttgart 2006. (=Legenda 7). S. 56.

der „neuen" epischen Literatur und die Übernahme der elfsilbigen Terzine Dantes scheinen dies zu bekräftigen. Neben der *Commedia* wird in der Forschung der gereimte französische *Roman de la Rose* des 13. Jahrhunderts, der zwar von Petrarca mehrfach in Briefen negativ kritisiert worden war, als Inspiration ebenso angenommen, wie die wechselseitige Beeinflussung der Fassungen und der Genese der *Trionfi* und Boccacios *L'Aomorosa Visione*.[52]

Ivi, fra l'erbe, già del pianger fioco,
vinto dal sonno, vidi una gran luce,
e dento assai dolor con breve gioco.[53]

Da Weinens müd, in Gräsern mitten innen,
besiegt vom Schlaf, sah großes Licht ich tagen,
Und Schmerzen viel bei kurzer Freude drinnen.

Vinto dal sonno, besiegt vom Schlaf, erlebt das lyrische Ich nun die Triumphe der Begierde, der Keuschheit, des Todes, des Ruhmes, der Zeit und der Ewigkeit als Vision, nur im Triumph der Begierde von einem Schatten geführt, mit dem das „Geistergespräch" mehrfach gepflegt wird. Dieses Ich fungiert als erzählende, erlebende, schauende und kommentierende Instanz, die scheinbar das Einzelgeschick der Seele, die Liebe zu Laura und den damit verbundenen Schmerz, Tod und Verlust als individuelle Erfahrung, aber zugleich als allgemeinmenschliches Schicksal vorführt und damit objektiviert. Petrarca allegorisiert seine eigene Seelengeschichte, Begehren,

---

52 Vgl.: Gerhard Hoffmeister: Petrarca. Metzler, Stuttgart u. Weimar 1997. (=SM 301). S. 84.
53 Francesco Petrarca: Das Lyrische Werk hrsg. von Hans Grote. Artemis u. Winkler, Düsseldorf u. Zürich 2002. S. 546. TC 1, 10-12. In weiterer Folge werden die Zitate mit TC, TP, TM, TF, TT und TE sowie mit der Versnummer angegeben.

Tugend und Ruhm, sowie die Konstanten des menschlichen Schicksals, Zeit, Tod und Ewigkeit. So wie sich diese beiden allegorischen Komplexe antithetisch gegenüberstehen, so lassen sich die *Trionfi* in zwei Teile gliedern. Werden in den Triumphen der Liebe und Keuschheit subjektive Erfahrungen behandelt, so bilden der Triumph des Ruhmes und der Zeit Allegorien der allgemeinmenschlichen Situation. Im abschließenden Triumph der Ewigkeit ist man durchaus geneigt, eine Synthese der ich- und der weltbezogenen Stränge zu sehen, man ist gleichsam an dem Punkt angelangt, wo im Angesicht Gottes alle Gegensätze aufgehoben werden.[54] Der *triumphus mortis* mag dabei ein die persönliche und allgemeine Erfahrungswelt verknüpfendes Bindeglied darstellen, in dem Laura, erst von „Frau Tod", einer erstaunlicherweise weiblichen Todesallegorie dahingerafft, nun selbst dem Dichter als schöne Todespersonifizierung erscheint.

quando donna sembiante a la stagione,
di gemme orientali incoronata,
mosse ver' me da mille altre corone;
e quella man, già tanto desiata, (TM 2, 7-10)

Als mir ein Weib, dem Lenze zu vergleichen,
Das Haupt von edler Steine Kranz[55] umfangen,
Sich naht aus tausend Kränzen, mir zu reichen
Die Hand, vordem mein heißestes Verlangen,

---

54 Vgl.: Gerhard Hoffmeister: Petrarca. Metzler, Stuttgart u. Weimar 1997. (=SM 301). S. 85.
55 Es stellt sich Frage, ob dies nicht bereits als Andeutung auf die „Bekränzung Lauras durch Christus" und ihre Aufnahme in den Himmel zu lesen ist und damit ein Verweis auf Anselm von Canterburys Bild von der himmlischen Krönung darstellt, die nur durch Hinwendung zu den ewigen Dingen und bedingungslose Weltentsagung erlangt werden kann.

Der Dichter bedrängt Laura mit der Frage, ob sie nun tot oder am Leben sei. Ihre Antwort scheint eine Affirmation der christlich-mittelalterlichen Sicht der irdischen Existenz als notwendige, oftmals beschwerliche Vorstufe zum ewigen Leben darzustellen.

„Viva son io, e tu se' morto ancora",
diss'ella „e sarai sempre, infin che giunga
per levarti di terra l'ultima hora." (TM 2, 22-24)

„Ich lebe! du bist noch dem Tode vereinet",
Sprach sie, „und wirst es sein, bis, aus dem Leben
zu führen dich, die letzte Sund erscheinet."

Laura hat das irdische „Jammertal", in dem das lyrische Ich noch bis zu dessen letzter Stunde gefangen bleibt, bereits gegen das transzendente „ewige Leben" eingetauscht. Sie sei wahrhaft am Leben. Auf die Frage, ob denn das Sterben ein großes Leiden sei, antwortet sie mit einer Anklage gegen die Lebensweise des Dichters zuerst in homiletischem Ton, um darauf mit dem Verweis auf ihren eigenen, von ihr positiv empfundenen Übertritt ins „wahre Leben" wieder Worte der Beruhigung folgen zu lassen. Sowohl sprachlich als auch inhaltlich verweist diese Stelle auf Anselms *Exhortatio*[56].

---

56 Anselm von Canterbury: Exhortatio ad contemptum temporalium et desiderium aeternorum. In: Patrologia Latina hrsg. von Jacques-Paul Mignes. Paris 1844-55, Bd. 158. Sp. 677. „Emendare a perversis cogitationibus, ne mundi impliceris actibus. Libera animum tuum ex huius mundi negotiis vanissimis ex integro, ut super coelos coroneris a Christo." (Befreie dich von den verkehrten Gedanken, dass du nicht verstrickt werdest in die Werke diese Welt. Befreie deinen Geist von den ganz und gar vergänglichen Geschäften dieser Welt, damit du über den Himmeln von Christus bekränzt werdest.)

Riponse: „Mentre al vulgo dietro vai
ed a la opinion sua cieca e dura,
esser felice non puoi tu già mai.
La morte è fin d'una pregione oscura
all'anime gentile; all'altre è noia,
ch'ànno posto nel fango ogni lor cura.
Ed ora il morir mio, che sì t'annoia,
ti farebbe allegrar, se tu sentissi
la millesima parte di mia gioia." (TM 2, 31-39)

Sie drauf: „Solange du folgst des Pöbels Scharen
Und seinen blind-halsstarrigen Gedanken,
Wirst du auf Erden nie das Glück gewahren.
Der Tod ist Ende dunkler Kerkerschranken
Adligen Seelen; andern bringt er Bangen,
Die an dem Schlamme haften sonder Wanken.
Mein Tod, der so mit Schmerzen dich umfangen,
Dich freuen würd er, wenn du voll Behagen
Ein Tausendteil nur meiner Lust empfangen."

Am Ende der irdischen Existenz ist also der Tod die willkommene Erlösung, die endlich den Übertritt zum wahren Leben im Angesicht Gottes ermöglicht. Petrarca führt Sulla, Marius und Nero als Beispiele an, die nach seiner Auffassung schreckliche Tode starben, worauf Laura das Sterben als weit geringeres Übel im Vergleich zur ewigen Verdammnis (TM 2, 46-51) und als „Heimkehr der verbannten Seligen" preist (TM 2, 74). Das lyrische Ich zweifelt, bleibt in seinem Zwiespalt von Weltliebe und Weltverachtung gefangen und wird umgehend von Laura, die sozusagen den Part des Augustinus im *Secretum* als scheltende Instanz übernimmt, gemaßregelt.

„Di poca fede! Or io, se nol sapessi,
se non fusse ben ver, perché ,l direi?" (TM 2, 124-125)

Drauf sie: „Kleingläubiger! wenn ich's nicht kennte,
Wenn's unwahr wär, warum denn sollt ich's sagen?"

Der Widerstreit zwischen Immanenz und Transzendenz als zentrales Thema und literarisches Leitmotiv in Petrarcas Schaffen wird auch an dieser Stelle deutlich vor Augen geführt. Sein Streben nach irdischer Liebe, nach weltlichem Glück, für das die Figur der Laura ebenso steht wie für Tugendhaftigkeit und Keuschheit, wird vom Dichter im Dialog mit dem „Geist" der Angebeteten reflektiert. Er scheint wie in den eingangs besprochenen Texten ein Zerrissener zu bleiben.

„O misero colui che' giorni conta,
e pargli L'un mille anni! Indarno vive,
ché seco in terra mai non si raffronta.
E' cerca il mare, e tutte le sue rive,
e sempre un stil, ovunque fusse, tenne:
Sol di lei pensa, o di lei parla o scrive." (TM 2, 56-60)

„O weh dem Armen, der die Tage zählet,
Ein Jahr für tausend hält, vergebens lebet,
Mit sich in Zwiespalt immerdar sich quälet,
Weit übers Meer von Strand zu Strande strebet,
Und wo er sei, festhaltend an dem alten,
Für sie nur denkt und spricht und schreibt und webet!"

Derjenige, der die Tage des Erdenlebens zählt, ein Jahr für tausend Jahre hält, setzt Lebens- und Weltzeit gleich. Lässt sich diese Textstelle als Kritik an diesem Denkmusters deuten oder steht sie affirmativ für das Festhalten an der irdischen Existenz? Unzweifelhaft spielt Petrarca hier auf sein eigenes Dasein als unsteter Wanderer zwischen den Gefilden von Geist und Geistlichkeit an, der in die Schriften der Antike vertieft doch nur an die „Eine" denkt, die ihm reale Begierde wie auch allegorische Inspiration ist. Für sie schreibt und denkt er, bleibt aber ein Reisender und *peregrinus ubique*[57] – allerorts ein Fremder. Die römische Antike ist für den Dichter reiche Quelle für Vergleiche aller Art. Als positive Vorbilder stehen sie quantitativ mit Abstand an erster Stelle, gefolgt von biblischen und mythologischen Verweisen. Kaum offensichtlich „Mittelalterliches" oder Zeitgenössisches findet Eingang in seine Bilderwelten, was den Eindruck verstärkt, dass Petrarca sich selbst an einer Zeitenwende sah, dass aus seiner Sicht das Ende der ihm vertrauten, oftmals geschmähten Zeit unmittelbar bevorstand. Dem stetigen Verfall seit dem Ende der Antike entgegenzuwirken, war nur durch die Rückbesinnung auf die „Alten" und ihre Werte zu bewerkstelligen, somit fand die Zeit seit deren Untergang so gut wie keinen Niederschlag in seinem Werk, obwohl wir einige Kenntnis mittelalterlicher Literatur bei ihm annehmen dürfen.

Die sechs Triumphe legen durch ihre Anordnung eine gewisse gedankliche Linearität nahe, die Textorganisation zeugt von einer in sich stimmigen Überbietungslogik, indem von der Begierde bis zur Ewigkeit stets die moralisch höher zu bewertende oder mächtigere Allegorie über die geringere triumphiert.[58] Was sich jedoch, einem roten Faden gleich, durch alle sechs Teile zieht, sind wiederkehrende Verweise auf die Vergänglichkeit alles Irdischen. Es werden gleichsam verschiedenste Vanitaskonzepte, seien es antike oder christliche, verhandelt und im Text reflektiert. Der Vergänglichkeit irdischer Liebe (TC 3, 180), die letztlich nur in Leid und Tod endet (TC IV, 134-140), wird die Sinnlosigkeit des Strebens nach Besitz, Rang und Titel gegenübergestellt (TM 1, 79-100) und mit dem Ausruf bekräftigt: „Weh, wer sein Heil in Irdischem

---

57 Francesco Petrarca: Epistolae metricae. Briefe in Versen hrsg. von Otto u. Eva Schönberger. Königshausen u. Neumann, Würzburg 2004. S. 271. (Epyst. III 19, V. 16).
58 Vgl.: Hans Grote: Petrarca lesen. Friedrich Frommann Verlag, Stuttgart 2006. (=Legenda 7). S. 58-59.

erblicket!" (TM 1, 85). Die Tragödie allzu langen Lebens (TF 1, 94) wird beklagt und Petrarcas Kenntnis des *Certamen Homeri et Hesiodi* scheint evident.

Quanti son già felici morti in fasce!
Quanti miseri in ultima vecciezza!
Alcun dice: „Beato chi non nasce!" (TT 136-138)

Wieviele starben alt, in Weh verloren!
Wieviele starben selig in der Wiege![59]
Es heißt: „Heil dem, der nimmer ward geboren!"[60]

Im Triumph der Ewigkeit schließlich, stellt der Dichter die Frage, welchem der fünf bisher behandelten „Sieger" er trauen solle (TE 3), um sich selbst darauf zu antworten:

Risposi: „Nel Signor, che mai fallito
non à promessa a chi si fida in lui." (TE 4-5)

Und sprach darauf: „Dem Herrn, der nie gelogen
Denen, die sich im Glauben ihm ergeben!"

Die folgenden Verse (TE 10-15) kommen einer *revocatio* gleich, mit der die Hoffnung auf Gottes „ewige Gnade" verbunden ist. Der Dichter übt Kritik an der eigenen Lebensführung,

---

59 Verse 136 und 137 sind in der deutschen Übersetzung des Reimes wegen vertauscht.
60 Im *Certamen*: „Überhaupt gar nicht geboren zu werden, ist für die Erdenmenschen das beste, wenn aber einmal geboren, dann alsbald wieder zum Hades hinabzusteigen." Zu Ursprung und Autor des *Certamen* siehe auch: F. Nietzsche: Der Florentinische Tractat über Homer und Hesiod, ihr Geschlecht und ihren Wettkampf, 3-5. In: Rheinisches Museum für Philologie, Nr. 28, 1873. S. 211-249. Archiv des RMP: http://www.rhm.uni-koeln.de/028/Nietzsche.pdf (15.06.2022).

am unersättlichen Geist und dessen „eitlem" Streben, da alles in langen Jahren Geschaffene in wenigen Stunden vergehe (TE 61-63).

So wie die Trionfi mit dem Verweis auf die erste Begegnung mit Laura beginnen (TC 1, 1-3) so enden sie mit dem Lobpreis derselben, die das lyrische Ich am Ende aller Zeiten wiederzusehen hofft.

Che, poi che avrà ripreso il suo bel velo,
se fu beato chi la vide in terra,
or che fia dunque a rivederla in cielo? (TE 144-146)

Ist neu sie einst von schöner Hüll umwoben,
wenn glücklich war, der sie gesehen auf Erden,
Wie wird er's sein, sieht er sie dann dort oben?

Trotz der zahlreichen Verweise auf die Vergänglichkeit alles Irdischen, die Petrarca in die Trionfi einwebt, scheint er letztlich den „Triumph der Laura" in Verse zu fassen. Er hat damit ein Lehrepos geschaffen, das mit umfassendem enzyklopädischem Wissen über die römische Antike, mit mythologischen und biblisch-christlichen Bildern unterlegt ist und durch die allegorische Aufbereitung eine gewisse Allgemeingültigkeit beansprucht. Ob der Dichter nun nicht theologisch-moralische Lehren verbreiten, sondern im Sinne der *studia humanitatis* durch didaktisch aufbereitetes Wissen zur Persönlichkeitsbildung beitragen wollte, wie Hans Grote feststellt[61], kann an dieser Stelle nicht geklärt werden. Offensichtlich ist aber, dass sich „Wahrheiten und Erkenntnisse" in den Trionfi vielfach hinter Doppel- und Mehrdeutigkeit verbergen, welche bisweilen schwer zu entschlüsseln sind und somit eine gelehrte

---

61 Vgl.: Hans Grote: Petrarca lesen. Friedrich Frommann Verlag, Stuttgart 2006. (=Legenda 7). S. 59.

Leserschaft als Zielgruppe nahelegen. Wie komplex diese in den Text eingewobenen Andeutungen und verborgenen Hinweise sein können, soll anhand des Triumphs des Ruhmes kurz illustriert werden.

Ma Nino, ond'ogni histotia humana è ordita,
dove lasc'io? e suo gran successore,
che superbia condusse a bestial vita?
Belo dove riman, fonte d'errore
non per sua colpa? Dov'è Zoroastro,
che fu de l'arte magiche inventore? (TF 2, 121-126)

Doch wo, der die Historie beginnet,
Wo Ninus? Wo sein Erbe, groß nicht minder,
Der Tieresart durch Hochmut sich gewinnet?
Wo Belus, sonder Schuld die Quelle blinder
Irrtümer, die nach Ihm die Welt gebunden?
Wo Zoroaster, der Magie Erfinder?

Die oben ausgeführten Beispiele des „vanitas"-Topos scheinen hier auf den ersten Blick ihre Fortsetzung im „ubi sunt?"-Topos zu finden. Der rhetorische Kunstgriff Petrarcas, die genannten Persönlichkeiten gehörten zu den Namen, die er in seiner Aufzählung schuldig bleiben müsse (TF 2, 118), um sie somit an markierter Stelle doch zu nennen, soll die Aufmerksamkeit auf die folgenden mythischen oder historischen Gestalten lenken. So fragt der Dichter nach dem Verbleib des Ninus, des mythischen Gründers Ninives, und nach seinem großen Erben. In der langen und wechselvollen Geschichte Assyriens findet sich als „Ninus-Erbe" nur Sardanapal, besser bekannt unter dem Namen Assurbanipal, dem aus Hochmut entstandene „tierische Lebensweise" nachgesagt wird. „Die Menge erweist sich als ganz sklavisch, indem sie der Lebensweise des lieben Viehs den Vorzug geben; sie hat dafür allerdings insofern eine gewisse Rechtfertigung, als auch viele Mächtige die Vorlieben des Sardanapal teilen."⁶² Wie ist nun der unzweifelhafte Verweis auf die Nikomachische Ethik des Aristoteles zu verstehen? Reflektiert und rechtfertigt der Dichter hier seine eigene Lebensweise und vergleicht sie mit der Auffassung des Aristoteles? „Was den Inhalt des Guten und des Glücks angeht, so scheint man dabei nicht ohne Grund von der jeweiligen Lebensweise auszugehen. Die meisten und die gewöhnlichsten Leute nehmen an, es bestehe in der Lust (hêdonê). Daher haben sie eine Vorliebe für das Leben des Genusses. Drei Lebensformen stechen nämlich am meisten hervor, die eben genannte, die politische (politikos) und als dritte die betrachtende (theoretikos) Lebensweise."⁶³ Mit Blick auf die Leidenschaften Petrarcas, seine politischen Ziele sowie seine moralischen Ideale, wie sie hier bereits kurz umrissen wurden, könnten man seine Lebensform durchaus als Mischung der drei in der Nikomachischen Ethik angeführten Lebensweisen verstehen, wo es weiter heißt: „Leute von feinerem Geschmack und tatkräftiger Natur bevorzugen die Ehre. In gewisser Weise ist sie in der Tat das Ziel des öffentlichen Lebens."⁶⁴ Als Mensch „feineren Geschmacks" hat sich Petrarca sicherlich gesehen und sein Hang zu Dichterruhm und öffentlicher Ehre ist unbestreitbar.

Belus, auch unter dem Namen Baal bekannt, als mythischer Gründer Babylons und damit „unschuldiger" Stifter jener Stadt, von der große Irrtümer ausgingen, scheint recht passend auf Ninus zu folgen. Ist unter diesen „Irrtümern" die Sprachverwirrung nach dem Turmbau zu verstehen oder religiöse Vorstellungen sowie Kulte, die von Babylon ausgingen und noch in der Zeit des Dichters nachwirkten? Lässt sich dies als

---

62 Aristoteles: Nikomachische Ethik hrsg. von Günther Bien. Felix Meiner-Verlag (Philosophische Bibliothek), Hamburg ⁴1985. S. 5. (1095b 19-22).
63 Ebd.: S. 5. (1095b 13-19).
64 Ebd.: S. 5. (1095b 22-23).

Klage über Avignon, das „moderne Babylon", deuten, das für Petrarca, wie bereits im Kapitel über das „Buch ohne Namen" erläutert, den Ursprung aller Übel und „Irrtümer" darstellte? Der Dichter fragt weiter nach dem Verbleib Zarathustras, dem Erfinder der „Kunst der Magie". Der von Plinius dem Älteren, den Petrarca ausgiebig studierte, in dessen *Naturalis Historia* überlieferte und in der Renaissance als Hüter der vorchristlichen Weisheit verehrte Religionsgründer aus dem Zweistromland schließt den verwirrenden Exkurs Petrarcas. Worin besteht der Ruhm Zarathustras? Spielt der Dichter hier auf den Dualismus, das heißt auf den Widerstreit zwischen gutem und bösem Prinzip an oder auf die Wahrhaftigkeit als Grundlage der Schöpfung der Welt? Diese Fragen können ebenso wenig befriedigend beantwortet werden wie zu klären ist, ob der Dichter in TF 2, 137-144 den Kreuzzug Gottfrieds von Bouillon wirklich „rühmt" oder an dieser Stelle Kritik am Aufruf (TF 2, 142-144) zu diesem durch Papst Urban II. übt.

Der Triumph des Ruhmes, der in Katalogform Helden und Feldherrn der römischen und griechischen Antike sowie bedeutende Dichter und Denker vorführt, wird durch den eben reflektierten Exkurs unterbrochen, in dem auch zwei „Zeitgenossen" des Dichters, Petrarcas Gönner und Langzeitarbeitgeber Kardinal Colonna und König Robert von Neapel[65], zu Ehren kommen.

Costor chiudean quella honorata schiera:
il buon re cicilian che 'n alto intese
e lunge vide e fu veramente Argo;
dall'altra parte il mio gran Colonnese,
magnanimo, gentil, constante e largo. (TF 2, 159-163)

---

65 Vgl.: Gerhard Hoffmeister: Petrarca. Metzler, Stuttgart u. Weimar 1997. (=SM 301). S. 83. Hoffmeister scheint keinen Zweifel daran zu haben, dass in TF 2, 160-161 König Robert von Anjou geehrt wird.

Machten den Schluß der ehrenwerten Scharen:
Siziliens guten König, der ins Weite
Sieht und zur Höh, ein Argus er in Wahrheit;
Meinen Colonna auf der andern Seite,
Großherzig, fest, spendsam, voll milder Klarheit.

Kardinal Colonna wird namentlich erwähnt, die Identität des „guten Königs" von Sizilien ist durch den Argus-Vergleich aber nicht so eindeutig, wie der Verweis Petrarcas, es handle sich bei den beiden um „jüngst verschiedene" (TF 2, 157-158), glauben macht. Warum nennt er den verehrten König, dem er sein Epos *Africa* widmen wollte, nicht ebenso mit Namen wie den großzügigen Kardinal? Oder verweist der Adler auf einen anderen sizilianischen König, der den edlen Vogel endgültig zum Symbol des abendländischen Kaisertums machte, ihn überall als Zeichen seiner Herrschaft anbringen ließ und dessen Erbe, der Parteienkampf zwischen kaiser- und papsttreuen Gruppen im Italien Petrarcas und darüber hinaus omnipräsent war? Setzte der Dichter Friedrich II. mit Robert von Anjou als herbeigesehnten „Friedenskönig" gleich? Wieder erweisen sich die mehrdeutigen Verse als keineswegs exakt auslegbar.

2.4 Conclusio und Schlussbetrachtung

Francesco Petrarca ist wiederholt als erster „moderner" Mensch bezeichnet worden, da er sein Selbst zum Gegenstand der Dichtung machte, stets um seinen Nachruhm besorgt war und die Literatur zum Zentrum seines Lebensentwurfes machte und sich damit in seiner Kunst selbst entwarf.[66] Diese Sichtweise ist zumindest den Aspekt seine Wirkung auf die Nachwelt betreffend zu eng gefasst. Er ist zwar zweifellos als Prototyp

---

66 Vgl.: Ebd.: S. 101.

des *poeta doctus,* des gelehrten Dichters, und Vater des Renaissancehumanismus zu bezeichnen, der den Grundstein für ein neues Bildungs- und Kulturprogramm legte, welches mit der Wiederbelebung der Antike die im Wissenschaftsbetrieb vorherrschende Theologie und Scholastik ablösen sollte, scheint aber nach wie vor ein Grenzgänger am Scheideweg zwischen der *imitatio Christi* und der *imitatio auctores* – der Nachahmung der Autoritäten – zu bleiben. Oder liegt Petrarcas „Modernität" darin, dass sich bei ihm „Wahrheit und Erkenntnis" auf das Zusammenspiel von Verstand, der durch Erfahrung gewonnenen Weisheit (memoria) und der Macht der Imagination stützt?[67] Der Mensch kann seine Lebenswelt mit dem Kopf, dem Herzen oder dem „Bauch", also denkend, fühlend oder wollend, erfahren. Liegen diese drei miteinander im Streit, bietet sich die Kunst – in unserem Fall die Literatur – an, um sich klärend seiner selbst zu vergewissern. Das Studium antiker Weisheit im Kontrast zur erlebten Welt mit ihren Makeln weckt offenbar des Dichters nagenden Zweifel an der Wahrhaftigkeit der zeitgenössischen Autoritäten. Ist es das, was bei der Lektüre des spätmittelalterlichen Dichters oftmals dem heutigen Leser als vertraut und doch durch Sprach- und Bilderreichtum fremd erscheint? Deutet Petrarca dies in seinem *Secretum* an, in dem der gestrenge Augustinus am Ende die *conditio humana* akzeptieren muss? Der kulturelle Umbruch, der die Gleichstellung von Ratio und Cupido, von säkularem Gelehrtentum und religiös dominierter Weltsicht bringen sollte, ist zu Zeiten Petrarcas noch lange nicht vollzogen, dennoch scheint er genau diesen Widerstreit, der gleichzeitig sein

---

67 Vgl.: Winfried Wehle: Concupiscentia signorum. Über ästhetische Erfahrung von Zeichen. Augustin, Dante, Petrarca. In: Walther Haug u. Dietmar Mieth (Hg.): Religiöse Erfahrung. Historische Modelle in christlicher Tradition. Wilhelm Fink Verlag, München 1992. S. 247-275. S. 247.

persönlicher *dissidio* ist, in seinen Texten zu verhandeln.[68] Dieses innere Zerwürfnis hat ihn Zeit seines Lebens umgetrieben. Petrarcas Allegorien und Bilderwelten entziehen sich stets einer eindeutigen Interpretation und bieten damit Raum für die gedankliche Auseinandersetzung des Lesenden mit dem Text und den darin möglichen Aussagen oder „Wahrheiten". Dies mag für den modernen Rezipienten mitunter störend wirken, sind wir es doch gewohnt, Dinge zu definieren, zu klären und zu „vereindeutigen". Der Dichter findet auch für dieses Problem der Allegorese ein Rezept, denn „mehrere Interpretationen sind durchaus zulässig, die gegebenenfalls, solange sie wahr sind und der Wortlaut sie trägt, keineswegs verworfen werden sollten, selbst wenn sie vielleicht niemals denjenigen durch den Kopf gegangen sind, die jene Erzählungen erfunden haben."[69] So erweist sich die Auseinandersetzung mit Francesco Petrarca als permanente Herausforderung. Immer, wenn man geneigt ist, zu glauben, eine befriedigende Antwort auf eine Fragestellung gefunden zu haben, muss man feststellen, dass die gewonnene Erkenntnis zahlreiche neue Fragen nach sich zieht, die sich einer Beantwortung hartnäckig entziehen. Auch dafür findet der Dichter beruhigende Worte:

Ma 'l tempo è breve, e nostra voglia è lunga. (TM 2, 25)

Denn kurz ist die Zeit, lang unser Streben.

Alle Anwesenden hatten sich von ihren Plätzen erhoben und spendeten der Enkelin Beifall. Die Großmutter nickte ihr

---

68 Vgl.: Ebd. S. 270.
69 Francesco Petrarca: Rerum senilium libri IV 5, § 5 zitiert nach: Hans Grote: Petrarca lesen. Friedrich Frommann Verlag, Stuttgart 2006. (=Legenda 7). S. 160. „et res ipse tales que multos et varios intellectus qui, si et veri sint et litera illos fert, quamvis iis qui fabulas condiderunt nunquam fortassis in mentem venerint, non erunt repudiandi."

anerkennend zu und wischte sich unauffällig eine Träne aus dem Gesicht. Die Enkelin strahlte wie ein Riesenstern der Leuchtkraftklasse Null. Beim anschließenden Abendessen fanden sie reichlich Zeit, ihren ersten Schnuppertag zu besprechen. „Das war streckenweise schon recht schwere Kost", meinte die Diva, „dankenswerterweise habt ihr mir das eine oder andere durch eure weiterführenden Erklärungen verständlich gemacht." Sie stellte fest, dass sie sich an manchen Stellen schrecklich ungebildet gefühlt habe, um einzuschränken, dass man Bildung schließlich nicht mit der Muttermilch aufsauge. „Mir ist es ebenso ergangen", beschwichtigte sie die Suchmaschine. Faust erklärte, dass das Streben nach Erkenntnis, nach Wissen, nach Bildung immer an einem Punkt beginne, wo eben die gewünschten Kenntnisse noch nicht vorhanden seien. Man solle sich keinesfalls scheuen, Fragen zu stellen, die hilfreich erscheinen, den Dingen auf den Grund zu gehen. „Ich verstehe schon, was du mir sagen willst. Ich sollte weniger besorgt darüber sein, wie andere meine Frage wahrnehmen könnten, was sie über mich denken könnten, und meine Unkenntnis nicht als Makel betrachten." – „So ist es, deshalb sind wir hier, um uns gegenseitig in unsere Interessengebiete einzuführen", sprach die Enkelin zustimmend. Auch gebildete und belesene Menschen seien bei Petrarcas Bildreichtum und vielfältigen Andeutungen mitunter im ersten Moment ratlos, führte sie weiter aus. „In vielerlei Hinsicht war er ein faustischer Charakter, hin- und hergerissen zwischen seinem Intellekt und seinen Trieben, wie du es formuliert hast", setzte Faust hinzu und verneigte sich noch einmal symbolisch vor der Enkelin. „Ein Selbstdarsteller mit Sendungsbewusstsein, dessen Wert man aber keinesfalls anhand der Anzahl seiner ‚Follower' bemessen kann. Die scheinbar zeitlose Suche nach sich selbst, nach der eigenen Persönlichkeit und Bestimmung ist eine menschliche Konstante", sagte die Diva leise.

3 Die neuen Leiden mit den alten Werten

Wenn es jemand wahrlich verdient hat, den Reigen der Kritik am Schulwesen im Allgemeinen und am Literaturunterricht im Speziellen zu eröffnen, dann ist dies der weise Spötter aus Niedersachsen. „Sokrates, der alte Greis,/Sagte oft in tiefen Sorgen:/,Ach, wie viel ist doch verborgen,/Was man immer noch nicht weiß.' Und so ist es. – Doch indessen/Darf man eines nicht vergessen:/Eines weiß man doch hienieden,/Nämlich, wenn man unzufrieden."[70] Unzufriedenheit kann, wenn sie sich nicht in destruktivem Lamentieren erschöpft, ein erstaunlicher Stimulus sein. Dieser doch so negativ konnotierte Affekt ist dazu angetan, sich intensiv mit dem diese Regung auslösenden Gegenstand zu befassen, persönliche Zugänge wie die opinio communis zum Thema kritisch zu beleuchten und zu hinterfragen. Der erlebte Schul- und speziell der Literaturunterricht ist so eine Erfahrung, die viele Affekte ausgelöst hat – nur nicht die Gefühlsregung der Zufriedenheit. Die Angebote, sicherlich wohlmeinend für künftige Generationen von Logophilen gedacht, welche die universitäre Fachdidaktik innerhalb der letzten Dekaden vorgeschlagen hat, erwiesen sich teilweise als durchaus erhellend, könnten aber die leisen Unkenrufe der Unzufriedenheit keineswegs zum Schweigen bringen. Als Stein der Weisen verkauft, ist alter Trott in neuem Gewand nicht die passende Medikation, um jene mächtige Stimme zu sedieren. Den kulturellen wie individuellen Wert der Literatur kommenden Generationen näherzubringen, für die unsere Zeit so zahlreiche Ablenkungen parat hat und damit erheblichen Druck ausübt, erfordert vom Lehrenden selbst die

---

70 Wilhelm Busch: Knopp-Trilogie. Gesamtwerke in sechs Bänden hrsg. von Hugo Werner. Bd. 4. Xenos, Hamburg 1987. S. 9.

intensive Auseinandersetzung mit Literatur, das fortwährende Evaluieren des eigenen Unterrichts und die stetige Arbeit an der Stimmigkeit von Methode, Inhalt und Persönlichkeit. Ein noch so perfekt anmutendes Unterrichtskonzept muss nicht zwingend zur jeweiligen Lehrkraft passen, deshalb versteht sich das folgende Programm als Versuch, eine fingierte Person mit dem Literaturunterricht und seinen normativen „Zwängen" in Einklang zu bringen. Sicher ist, dass die Unzufriedenheit sich trotzdem immer wieder zu Wort melden wird – und das ist gut so.

3.1   Die Welt von Gestern – vom Text zum Konzept

Viele engagierte Lehrkräfte stehen oftmals vor dem Dilemma, eine stimmige Auswahl von Texten für den Literaturunterricht zu finden, die den normativen Vorgaben und den persönlichen Präferenzen gleichermaßen entspricht. Erschwert wird diese Aufgabe noch durch den Umstand, dass es mit der Lektüre eine heterogene Gruppe von jungen Menschen, deren literarische Vorlieben bisweilen mit jenen der Lehrkraft keine Schnittmenge aufweisen, zumindest weitestgehend zu erreichen gilt. Nicht selten führt Letzteres zu einer eigentümlichen Form der Anbiederung an das (Des-)Interesse der Klasse, die sich in krampfhaften Versuchen zeigt, in jedem Exemplar der „Schwarzen Kunst" die lebensweltliche Relevanz für die Leserschaft hervorzukehren. Die zeitliche Begrenztheit und die tendenziell stetig wachsende Inanspruchnahme der Lernenden durch explodierende Anforderungen im System Schule, in denen sich gesellschaftliche Problemzonen und politische Versäumnisse manifestieren, tun ihr Übriges, so dass manchmal am Ende einer Schullaufbahn von literarischen Texten kaum mehr konsumiert wurde als *Die Welle, Die Wolke* oder vergleichbare Problemliteratur.

Eingedenk dieser oben angedeuteten Nemesis für den Literaturunterricht ist die Frage legitim, ob es nicht sinnvoll sein könnte, einen literarischen Text gleichsam programmatisch als Klassenlektüre über die gesamte Sekundarstufe II hinweg zu bearbeiten. Selbstverständlich müsste dieser Text spezielle Qualitäten aufweisen, die seinen Einsatz als „Programmheft" der Literatur und Literaturgeschichte rechtfertigen. Einerseits sollte der Text Anschlussmöglichkeiten in die literarische sowie politische Vergangenheit und Gegenwart bieten und möglichst alle Themenbereiche beinhalten, welche die menschliche Existenz bewegen, anderseits ein anerkannter Text der nationalsprachlichen oder Weltliteratur sein. Stefan Zweigs *Die Welt von Gestern*[71] erfüllt alle diese Qualitätsmerkmale und findet sich im Kanon der deutschsprachigen Literatur mit Weltgeltung. Dies führt unweigerlich zur Frage nach dem Sinn und der Berechtigung „kanonischer Weihen".

Es gab viele Autoren, deren literarische Texte ex post unter dem Gütezeichen der „hohen nationalsprachlichen Literatur" geführt oder als Werke der Weltliteratur bezeichnet wurden. Waren ihre Dramen, Gedichte und epische Prosa erst in den erlesenen Kreis der kanonischen Literatur aufgenommen, stellten sie für Generationen von Schülerinnen und Schülern die Basis der literarischen Bildung dar. Vielfach setzte man die Kenntnis jener Texte sogar mit „Bildung" gleich und das auf Literatur fußende Zitats-Repertoire eines Menschen galt als verbürgtes und von der Gesellschaft wohlwollend zur Kenntnis genommenes Zeichen des eloquenten, belesenen Gebildeten. Der Kanon-Begriff, aus dem christlich-religiösen Bereich entlehnt, wo er die Verbindlichkeit überlieferter Texte und deren normativen Anspruch determinieren und legitimieren sollte, spukt speziell seit den frühen 70er Jahren wieder durch die fachdidaktischen und curricularen Debatten. Es war offenbar an der Zeit, alte Normen in Frage zu stellen,

---

[71] Stefan Zweig: Die Welt von Gestern. Erinnerungen eines Europäers. Fischer Taschenbuch Verlag, Frankfurt a.M. [39]2012 (=FTB 1152).

die Entrümpelung der verstaubten, gleichsam als Herrschaftswissen[72] in Misskredit gebrachten Kanones zu fordern, die lediglich dazu angetan seien, die evidente soziale Distinktion fortzuschreiben und nur dazu dienten, die „bestehende Ungleichheit aufrechtzuerhalten."[73] Dieses Rütteln am literarischen Kanon scheint sich einer gewissen politisch-ideologischen Vereinnahmung bis heute nicht entziehen zu können. Es stellt sich die Frage, ob der Kanon je ein ehernes Gesetz – wie bereits der Terminus nahelegt – auf der Grundlage einer allgemein anerkannten innerliterarischen Diskussion war. Wohl kaum, so möchte man meinen, da die Kanon-Bildung stets als Kombination von kulturell und politisch motivierter Selektion von statten ging. Nun ist es kein modernes Phänomen, dass bestehende Sozietäten ihre Weltbilder und Wertvorstellungen über das Bildungssystem in den Folgegenerationen zu reproduzieren und in der Auswahl des zu Lesenden in Kanones zu verpacken suchen. Neu hingegen ist seit dem letzten Drittel des 20. Jahrhunderts, dass in diesem vermeintlich von staatlichen und intellektuellen Eliten dominierten Monopol immer mehr ideologisch unterschiedlich ausgerichtete Akteure ihr demokratisch verbrieftes Recht auf Mitsprache geltend machen. Die Lernenden und deren entwicklungsbedingte Bedürfnisse scheinen in dieser Diskussion nicht das maßgebliche Kriterium zu sein, schließlich gehe es doch um das „Bewusstsein der Notwendigkeit von Kanon-Revision und Rekanonisierung", um die „Funktion der Kanon-Debatte für unsere literarische

---

72 Vgl.: Michel Foucault: Die Ordnung des Diskurses. (Inauguralvorlesung am Collège de France, 2. Dezember 1970). Fischer, Frankfurt a. M. 1991. S. 26. Der literarische Kanon wäre, möchte man den Ausführungen von M. Foucault folgen, ein durch Ausschluss- und Verknappungsprozeduren generiertes Machtmittel zur Monopolbildung.
73 Ulf Abraham u. Matthis Kepser: Literaturdidaktik Deutsch. Eine Einführung. Erich Schmitt Verlag, Berlin ³2009. S. 92.

Kultur", um ein Bewusstsein also, welches somit selbst bereits von literarischer Bildung zeuge.[74] Die Kanon-Debatte nur der Debatte willen zu führen, hebt den Kanon-Begriff auf ein rein akademisches Niveau und entfremdet die mitunter im öffentlichen Diskurs an Bedeutung verlierende und deshalb krampfhaft um Legitimation des eigenen Tuns ringende Gruppe der Germanisten und Philologen sowie die Verfasser von einschlägigen didaktischen Aufsätzen von der im täglichen Schulbetrieb stehenden Sprachlehrerschaft. Was ist es wert, aus ästhetischen wie aus inhaltlichen Gründen, gelesen zu werden? Sind Form und Inhalt eines Textes überhaupt zu trennen? Oder ist, wie Theodor W. Adorno meinte, die ästhetische Form eines literarischen Textes sein sedimentierter Inhalt, der in erzählerischen Techniken die Strukturen der realen Welt spiegelt. Die ungelösten Gegensätze der Realität kehrten demnach in der Dichtkunst als die immanenten Probleme ihrer Form wieder.[75] Im fachwissenschaftlichen Diskurs sind dies sicherlich lohnende Fragestellungen, denen nachgehend Bände gefüllt wurden und noch weitere gefüllt werden. Der universitäre Kanon kann nicht eins zu eins in einen Schulkanon überführt werden, wohl aber sollte Letzterer zu einem nicht unerheblichen Teil aus Ersterem generiert werden können. Dass in diesem Kontext literaturwissenschaftliche Moden und Präferenzen ganze Generationen von Lehrkräften geprägt und somit die jeweilige Textauswahl für den Unterricht entscheidend mitbestimmt haben, ist offenkundig und ließe sich durch die alternierende Präsenz und Absenz von Autoren wie Hermann Hesse, Thomas Mann oder Friedrich Dürrenmatt auf den Leselisten der Sekundarstufe II zeigen.

---

74 Vgl.: Ebd.: S. 96.
75 Vgl.: Theodor W. Adorno: Ästhetische Theorie (1969). Ges. Werke, Bd. 7, hrsg. von Rolf Tiedemann, Frankfurt a. M. 1970. S. 15-16.

Wie könnte nun ein Schulkanon aussehen? Er sollte sich keinesfalls in einem sturen Abarbeiten der Literaturgeschichte erschöpfen, um dann im Finale zur ausschließlichen Lektüre von Problemliteratur überzugehen, einzig um die greifbaren Bezüge zur Lebenswelt der Jugendlichen herzustellen. Wenn wir die Literatur auch als Medium der Reflexion und Identitätsstiftung verstehen wollen, so ist es durchaus wünschenswert, dass Differenzerfahrungen und Kontakte mit dem „Fremden" im Literaturunterricht ebenso Platz finden wie das Ringen mit auf den ersten Blick schwierig anmutenden Texten. Internationale Literatur und philosophische Texte könnten und sollten im Deutschunterricht eines Mitgliedsstaates der Europäischen Union durchaus für den Wertetransfer innerhalb einer sich nach außen gerne pluralistisch und weltoffen gebenden Gesellschaft herangezogen werden. Dem individuellen Wohl der kommenden Generationen ist die Auseinandersetzung mit solchen Texten keineswegs abträglich, fördert und stärkt sie doch den kritischen und autoreflexiven Zugang zur Welt und unterstützt die Persönlichkeitsentwicklung. Entscheidend ist die Frage, wie man Schülerinnen und Schüler überhaupt zum Lesen motivieren kann.

Faust war während seines Vortrags im großen Wintergarten der Großmutter wie sein literarisches Vorbild im Studierzimmer auf und ab gegangen, hatte gestikuliert, seine Unterlagen geschwenkt und immer wieder den Blickkontakt zu seiner Zuhörerschaft hergestellt. Er hatte versucht, in den Gesichtern seiner Freunde zu lesen, um anhand ihrer Reaktionen Rückschlüsse auf die Qualität und Überzeugungskraft seiner Worte zu ziehen. Nun hielt er inne und bat um Kommentare und allfällige Fragen. „Wenn ich dich richtig verstanden habe", begann die Diva, „so kannst du dir *einen* literarischen Text – Zweigs *Welt von Gestern* – als zentrales Arbeitsmaterial für die gesamte Oberstufe vorstellen, richtig?" – „Ja, dieser Text könnte das ‚Programmheft' bilden, an den je nach Lesefortschritt passende

Anschlussliteratur gekoppelt werden kann. Details dazu werde ich noch ausführen, dann wird dieser Punkt sicher klarer werden." Die Suchmaschine hatte bereits recherchiert und räumte ein, von diesem Text noch nie gehört zu haben, die Enkelin hakte in Bezug auf die Kanon-Debatte nach. „Ich finde den Gedanken spannend und deine Argumentation nachvollziehbar, Weltliteratur auch im deutschsprachigen Literaturunterricht Raum zu geben. Deutschtümelei und das ausschließliche Lesen genuin deutschsprachiger Literatur ist für ein EU-Mitglied wie unser Land kaum mehr zeitgemäß. Man kann Weltliteratur in deutschen Übersetzungen genießen. Abgesehen davon findet in den lebenden Fremdsprachen kaum mehr so etwas wie Literatur- oder Kulturgeschichteunterricht statt, man benötigt die Unterrichtszeit ja für das *training for the test* und den sich an die Lebenswelten der Kids anbiedernden Smalltalk." – „Ich war kein motivierter Leser", gestand die Suchmaschine, „ich habe meine Inhaltszusammenfassungen für die Klassenlektüre aus dem Netz gezogen." Faust nahm den Faden an dieser Stelle wieder auf und fuhr fort.

3.2 *Lesemotivation und literaturbezogene Leseanimation*[76]

Lesen scheint im Zeitalter der modernen Massenmedien einen gewissen anachronistischen Nimbus zu haben, obwohl das bei der Jugend so beliebte Internet und die „Sozialen Netzwerke"

---

[76] Die beiden Begriffe werden teilweise parallel verwendet, wobei Animation eher auf die Leselust abzielt und auch, wenn nicht vor allem, den außerschulischen Bereich in den Fokus der gewünschten Folgeaktivitäten stellt. Vgl.: Kaspar H. Spinner: Methoden des Literaturunterrichts. In: Michael Kämper-van den Boogaart u. Kaspar H. Spinner (Hg.): Lese- und Literaturunterricht. (Deutschunterricht in Theorie und Praxis, Bd. 11,1-3). Schneider Verlag, Baltmannsweiler 2010. S. 190-242. S. 191-192.

nahezu ausschließlich schriftbasiert sind. Die empirischen Erhebungen zum Leseverhalten haben nicht nur geschlechterspezifische Unterschiede, sondern auch alters- und entwicklungsbedingte Tendenzen bezüglich der Lesefrequenz und Lektüreauswahl der jungen Leser konstatiert.[77] Die Heterogenität der Schülerschaft äußert sich des Weiteren in einer divergierenden Lesebiographie, für welche die Lesesozialisation eine bedeutende Rolle zu spielen scheint. Sozialer Determinismus[78] ist in diesem Kontext jedoch keinesfalls angezeigt, da sogenannte „Leseknicks" bei Personen aus allen sozialen Schichten beobachtbar sind, gleichwohl stellt der grundsätzliche Zugang zum Lesen zentraler Bezugspersonen in Familie, Schule und Peergroup für den potenziellen Jungleser ein wichtiges Modell für das aktuelle wie künftige Leseverhalten dar.[79] Empirische „Befindlichkeitsfragen", auf deren Grundlage auf Leseselbstkonzepte geschlossen wird, evozieren ein Bild von ausschließlich sozial bedingten Unterschieden im Leseverhalten und gehen sogar soweit, den von Gerhart Hauptmann in seinem Drama *Vor Sonnenaufgang* reflektierten Biologismus des späten 19. Jahrhunderts zur Wirklichkeit des 21. Jahrhunderts zu stilisieren. Wie valide und seriös manche empirischen Methoden im Kontext der Schulforschung wirklich sind, wird noch zu diskutieren sein. Die individuellen Erfahrungen mit der Lektüre unterschiedlichster Texte in verschiedenen Lesesituationen sind eine nicht zu vernachlässigende Größe für die Lesemotivation und das Leseselbstkonzept der Kinder und Jugendlichen. Im schulischen Bereich können negative Erfahrungen mit dem Lesen nie ganz vermieden, aber durch etwas Fingerspitzengefühl und Empathie der Lehrperson zumindest

---

77 Vgl.: Cornelia Rosebrock u. Daniel Nix: Grundlagen der Lesedidaktik und der systematischen schulischen Leseförderung. Schneider Verlag, Baltmannsweiler [5]2012. S. 94.
78 Vgl.: Ebd.: S. 97-98.
79 Vgl.: Ebd.: S. 95-96.

minimiert werden. Einen offenkundig unsicheren Leser ständig laut im Plenum vorlesen zu lassen und ihn womöglich wiederholt für seine Leseschwäche zu tadeln, ist definitiv nicht das probate Mittel zur Lesemotivation und führt wahrscheinlich auch zu keinem positiven Leseselbstkonzept des auf solche Weise Gegängelten.

Die Förderung der „Anschlusskommunikation", also der Erfahrungsaustausch über bereits Gelesenes und bevorstehende Klassenlektüre, ist im Hinblick auf die Lesemotivation eine wesentliche Aufgabe des Literaturunterrichts.[80] Dieser Anschlussdiskurs kann durch den bedachten Einsatz von Medien und eine wohlüberlegte Methodenwahl tadellos unterstützt werden, darf sich jedoch nicht im sinnfreien stundenlangen Filmvorführungen ohne entsprechende Dekonstruktion des Mediums Film oder in der aufgesetzten Methodenvielfalt um der Vielfalt willen erschöpfen.[81] In diesem Zusammenhang bedarf der Slogan ‚ Film ist Literatur", wie er neuerdings an manchen Universitäten im Bereich der Deutschdidaktik zu hören war, einer intensiven Klärung, um künftige Lehrkräftegenerationen entsprechend auf den sinnvollen Umgang mit dem beliebten Medium vorzubereiten.

Literarische Texte stellen mitunter hohe Anforderungen an die Lesekompetenz der jungen Rezipienten, zeichnen sich

---

80 Vgl.: Ebd.: S. 93.
81 Vgl.: Andreas Helmke: Unterrichtsqualität und Lehrerprofessionalität. Diagnose, Evaluation und Verbesserung des Unterrichts. Fulda 2009. S. 259-260. Selbstverständlich sind die für den Erwerb sozialer Kompetenzen positiven Effekte kooperativer Lernsettings für die kindliche Entwicklung wesentlich (siehe ebd.: S. 211-214), die Überlegenheit der direkten Instruktion bei Aufgaben mit hoher Komplexität wird jedoch nicht in Zweifel gezogen, wenngleich die Abbildung 24 (S. 262) deutlich macht, dass die unterschiedlichen Lernsettings zwischen den Polen „fremdgesteuert, Kontrolle, Sicherheit" und „selbstgesteuert, Verantwortung, Eigenständigkeit" – also zwischen eher autonomiehemmend und eher autonomiefördernd anzusiedeln sind.

diese Texte doch durch ihre Mehrdeutigkeit in ihrer Gesamtheit oder ihren Bestandteilen aus und sind auch in ihrer inhärenten Ästhetik zu lesen, ohne sofort auf ihre lebensweltliche Relevanz hin überprüft werden zu müssen.[82] Gerade in dieser Ambiguität und besonderen Ästhetik liegen die Stärken des literarischen Textes, die für die Lesemotivation fruchtbar gemacht werden können. Einbildungskraft und Phantasie, die Literatur im Gegensatz zu Gebrauchstexten fordert und fördert, sind neben dem Erleben von komplexen Gefühlsmustern wie Freundschaft, Liebe, Verlust oder Angst starke Motivatoren für die Lektüre. Soziale Kompetenzen wie Empathie und Identifikationsfähigkeit können durch das Lesen literarischer Texte ebenso entwickelt werden wie moralische Urteilsfähigkeit.[83] Es ist natürlich entscheidend, dass ausgewählte Literatur und zu unterrichtende und anzuleitende Gruppe aufeinander abgestimmt sind. Über- sowie Unterforderung sind der Lesemotivation nicht zuträglich. Literaturunterricht für jene Schülerinnen und Schüler zu gestalten, die aus innerem Antrieb gerne lesen, ist nicht besonders schwierig. Jenen, die nicht intrinsisch motiviert sind, den Wert von Literatur zu veranschaulichen, zu zeigen, was Literatur auch für den Einzelnen leisten kann, stellt eine enorme Herausforderung dar und verlangt von der Lehrperson neben fachlichen vor allem persönliche Kompetenzen.

---

82 Vgl.: Cornelia Rosebrock u. Daniel Nix: Grundlagen der Lesedidaktik und der systematischen schulischen Leseförderung. Schneider Verlag, Baltmannsweiler ^{5}2012. S. 124.
83 Vgl.: Ebd.: S. 125.

3.3 Der literarische Text als Faden der Ariadne

Stefan Zweig liefert in seinem Vorwort nicht nur die literarische Legitimation für sein Schreiben, legt die Entstehungsumstände des Textes dar und reflektiert das Schicksal seiner Generation im Kontrast zu früheren, sondern präsentiert sein persönliches poetologisches Programm mit dem Shakespearezitat aus Cymbeline: „Begegnen wir der Zeit, wie sie uns sucht." Der literarische Text kann als historische Quelle für seine Entstehungszeit gelesen werden. Das Vorwort eignet sich bestens dazu, den engen Konnex von Geschichte und Literatur, von Kontext und Text deutlich zu machen. Dabei gilt es selbstverständlich Dekonstruktionsarbeit zu leisten, indem die Perspektivität des Autors, die literarische Reflexion von erlebter persönlicher Geschichte in Relation zur Weltgeschichte thematisiert werden. Es ist nicht nur zu hinterfragen, worüber Stefan Zweig berichtet, sondern auch zu klären, was er weglässt. „Nur was ich selber bewahren will, hat ein Anrecht, für andere bewahrt zu werden. So sprecht und wählt, ihr Erinnerungen, statt meiner, und gebt wenigstens einen Spiegelschein meines Lebens, ehe es ins Dunkel sinkt!"[84] Literarische wie historische Narrationen sind konstruierte beziehungsweise rekonstruierte Welten, die stets die Weltsicht ihrer Schöpfer transportieren und den Rezipienten dazu anregen können, diesen Blick auf Geschichte und zentrale Fragen der menschlichen Existenz mit den eigenen Erfahrungen und Weltbildern zu vergleichen.

Die Generation des Autors, herausgerissen aus der Welt der Sicherheit, wird zur Generation der Moderne, der Umbrüche, der Weltkriege, der Massenideologien, des Verloren-Seins und des Sich-Wiederfindens. Mit Stefan Zweigs Blick

---

84 Stefan Zweig: Die Welt von Gestern. Erinnerungen eines Europäers. Fischer Taschenbuch Verlag, Frankfurt a. M. ³⁹2012 (=FTB 1152). S. 13.

auf seine *Welt von Gestern* sind durch die sechzehn Kapiteln des Textes, die durchaus als eigenständige Konzepte fassbare und getrennt voneinander bearbeitbare Abschnitte darstellen, zahlreiche Anschlussmöglichkeiten verbunden, die im Folgenden kurz umrissen werden. Selbstverständlich sind die vorgeschlagenen Texte und Diskussionsanstöße jederzeit erweiterbar und können durch andere passende Varianten ersetzt werden.

Faust legte seine Unterlagen auf das Rednerpult. „Wer von euch hat den Literaturunterricht genossen?" Das Schweigen war ohrenbetäubend. „Woran liegt das?", forschte er weiter. „Ich bin hier vermutlich nicht zwingend eine repräsentative Auskunftsperson", meinte die Enkelin und blickte die langen Bücherreihen in den Regalen an der Wand des Wintergartens entlang, „aber ich habe die Leseaufträge in der Schule abgearbeitet, um mich danach mit den Texten zu befassen, die ich hier in meiner ‚Privatbibliothek' vorgefunden habe. Ich fand es in der Schulzeit immer schade, dass die Lektüre als Pflicht verkauft und als Hausübung ausgelagert wurde." – „Ich hatte den Eindruck, dass mitunter nur der oftmals als Vorwand vorgeschobene Lehrplan abgearbeitet wurde", merkte die Diva an und ergänzte, dass es nach diversen stichprobenartigen Lektüretests keine Diskussionen über die Themen und Motive der Texte gegeben habe. „Das ist der Kern meines Zugangs. Jedes Kapitel wird auf seine Anknüpfungsmöglichkeiten zu anderen literarischen oder philosophischen Texten hin überprüft und die Diskussionen in der Klasse angeregt. Hört zu!"

Kapitel I. Die Welt der Sicherheit: Der Blick auf den Gutsituierten in einer wohlsituierten Welt, die von Fortschritts- und Technikglaube geprägt ist, legt den Vergleich zur Gegenwart und ihrer vermeintlichen Sicherheit nahe. Als literarische Kontraste bieten sich Theodor Fontanes (1819-1898) *Die Brück' am Tay* (1880) und Gerhart Hauptmanns (1862-1946) *Vor Sonnenaufgang* (1889) an. Die Selbstreflexion des jüdischen Autors und der Wandel im Miteinander beinhalten durch die Klärung und Diskussion der Begriffe Liberalismus, Nationalismus, Antisemitismus und Xenophobie zahlreiche Aktualisierungsmöglichkeiten.

Kapitel II. Die Schule im vorigen Jahrhundert: Zweigs Schulerfahrung und seine Deutung des Schulsystems als gesellschaftspolitische Vollzugsanstalt liefern gewiss Diskussionssprengstoff. Die Vorstellung der Gymnasiasten des Fin de siècle als Kenner und Bewunderer der künstlerischen Avantgarde führt zur Frage des Wertes von Kunst und Bildung in der Gegenwart. Der literaturhistorische Exkurs des Autors über das Phänomen Hofmannsthal (1874-1929), über Rainer Maria Rilke (1875-1926), Stefan George (1868-1933), Hermann Bahr (1863-1934) und die Sezession und „Jung-Wien" ließe sich mit den Darstellungen in Schulbüchern und Literaturgeschichten vergleichen. *Unterm Rad* (1906) von Hermann Hesse und seine Briefe an Vater und Großvater sind eine von zahlreichen Varianten literarischer Kontrastierung und werden durch Verweise zu den französischen Symbolisten Charles Baudelaire, Stéphane Mallarmé, Paul Verlaine, Arthur Rimbaud sowie Honoré de Balzac und Paul Valéry ergänzt. Bezüge zur englischsprachigen Literatur, speziell zu den englischen Romantikern und Walt Whitman sind jederzeit herstellbar, ebenso wie zu Nietzsches Kritik am System Schule.

Kapitel III. Eros Matutinus: Das Thema „Frühe Sexualität" und Moralvorstellungen im Wandel kann von Zweigs Kapitel ausgehend beispielsweise auf Robert Musils (1880-1942) *Die Verwirrungen des Zöglings Törleß* (1906), auf die Praxis des Verschweigens und Unterdrückens und literarische „Skandale" wie Arthur Schnitzlers *Reigen* (1920) erweitert werden. Verweise auf Sigmund Freud und die Problematik des Verdrängens sind ebenso angezeigt wie Aktualisierungen bezüglich des Umgangs der heutigen Jugend mit ihrer eigenen Körperlichkeit. Themen wie Sexualität, Essstörungen im Gegensatz zu Gesundheits-, Fitness- und Bio-Wahn können in diesem Zusammenhang ergiebige Diskussionen und Reflexionen befördern.

Kapitel IV. Universitas Vitae: Das Studium im Fin de siècle bietet Kontraste und zeigt Kontinuitäten im Bildungswesen auf. Für Anschlussdiskussionen ist der Vergleich zur gegenwärtigen universitären Realität und ein Blick auf deren historischen Entwicklungen geeignet. So bieten sich Recherchen zu den Universitäten als angepasste und anpassungsfähige Einrichtungen von 1900-2022 mit den ideologischen Verwerfungen der Zwischen- und Nachkriegszeiten über die 68er-Bewegungen bis zu den „Bologna-Reformen" an. Auch die Bildungs- und Schulreformdebatte lässt sich an dieser Stelle in den Unterricht integrieren.

Kapitel V. Paris die Stadt der ewigen Jugend: Stefan Zweigs Paris als Treffpunkt der Welt steht diametral im Gegensatz zur heutigen „Welt als Treffpunkt". Es gilt, Konzepte des Weltbürgertums bis hin zur globalen Vernetzung durch moderne Medien, die Veränderungen des Kommunikationsverhaltens vom persönlichen Dialog zur Gesellschaft der „sozialen" Netzwerke zu thematisieren. Als Textbeispiele sind Ilja Trojanows *EisTau* (2011) und Hofmannsthals *Ein Brief* (1902) sehr brauchbar.

Kapitel VI. Umwege auf dem Wege zu mir selbst: Erste Erlebnisse als Autor und Dramatiker, nachträgliche Erkenntnisse zur Bedeutsamkeit der Bildung und des Sammelns von Erfahrungen und Eindrücken für die Persönlichkeitsentwicklung stehen im Zentrum dieses Kapitels. Die aktuelle Debatte um die zwingende „Verwertbarkeit von Bildung und Wissen" wird unter anderem von Theodor W. Adorno in seiner *Theorie der Halbbildung* (1959) und von Konrad Paul Liessmann in dessen *Theorie der Unbildung* (2006) sowie *Bildung als Provokation* (2017) kritisch hinterfragt.

Kapitel VII. Über Europa hinaus: Des Autors Reisetätigkeit liefert Streiflichter der „Errungenschaften" des Kolonialismus an dessen Höhepunkt. New York, die Karibik, der Panamakanal und dessen Baugeschichte von 1904-1914, Indien und Afrika werden von Stefan Zweig als Reisedestinationen vorgestellt. Die Problematisierung der Begriffe und Periodisierungsversuche in Literatur und Geschichte sind ebenso zu klären wie moderne „Formen des Kolonialismus" wie Lohndumping in der Dritten Welt durch multinationale Konzerne und die Globalisierung. Aktualisierungen sind hilfreich und von Gandhi bis Steven Biko, Desmond Tutu und Nelson Mandela auch anhand von Filmen als Unterrichtsmedium jederzeit möglich.

Kapitel VIII. Glanz und Schatten über Europa: Der Optimismus vor der großen Katastrophe des 20. Jahrhunderts, das „Spiel" mit dem Feuer auf dem Balkan und in Agadir sowie die Folgen für Zweigs „heile Welt" mit ihren Auflösungserscheinungen stehen im Zentrum dieses Abschnitts. Die Dekonstruktion des Mythos Habsburg ist beispielsweise anhand Arthur Schnitzlers *Leutnant Gustl* (1900/1901) vorstellbar. Kontrastiv als Fanal für die Verfallserscheinungen der heilen Welt steht *Der Irre* (1913) von Georg Heym (1887-1912). Georg Trakl (1887-1914) als Salzburger Größe passt in diesen Kontext ebenso wie Alfred Döblin und Franz Kafka, die den individuellen wie kollektiven Wahnsinn als literaturfähiges Thema einführten. Joseph Roths (1894-1939) *Radetzkymarsch* (1932) kann in Auszügen in Verbindung mit Axel Cortis Verfilmung (1993/94) den Bereich abschließen.

Kapitel IX. Die ersten Stunden des Krieges von 1914: Den Einstieg in dieses Kapitel bildet J.R.R. Tolkiens *Der Untergang von Gondolin* in der Erstfassung von 1916 und kann durch entsprechende Auszüge aus dem *Silmarillion* ergänzt werden. Die Empathie für Kriegserfahrung, die in einem der Jugend wohlvertrauten Genre reflektiert wird, soll durch diesen Zugang erleichtert werden. Der Themenkomplex dieses Kapitels lässt sich über Trakls *Grodek* bis zum TV-Film *3. November 1918* (1965) von Edwin Zbonek veranschaulichen. Erinnerungskulturen von der Zwischenkriegszeit bis heute stellen lohnende Bereiche der Reflexion und Diskussion dar. Die Thematisierung von Erinnerungen zu Mayerling (1889), Genf (1898), Sarajevo (1914), Versailles, St. Germain und Trianon (1919) können jederzeit um internationale Ereignisse erweitert werden. Aktualisierungen sind von Aghet, Holodomor und Holocaust bis Ruanda und die Balkankriege der 1990er sowie aktuelle Formen der Vergangenheitsbewältigung, vom Opfermythos Österreichs bis zur Opferstilisierung sowie zur aktuellen Thematisierung der Täter inklusive der politischen Implikationen über historische Zeitungen und Sachtexte zu bewerkstelligen.

Kapitel X. Der Kampf um die geistige Brüderschaft: Die Schwierigkeiten, wie Kontakte zwischen Gleichgesinnten in einem durch Fronten geteilten Europa aufrecht zu erhalten seien, werden literarisch problematisiert. Literaten und Künstler stellten sich bis auf wenige Ausnahmen in den Dienst der verfeindeten Nationen. Zweigs Freund Romain Rolland kritisierte die Haltung seiner Kollegen. Das zentrale Leitthema für die Anschlussdiskussionen zu diesem Kapitel bildet ein Textzitat. „[…] das Wort hatte damals noch Gewalt. Es war noch nicht zu Tode geritten von der organisierten Lüge, der ‚Propaganda', die Menschen hörten noch auf das geschriebene Wort, sie warteten darauf."[85] Der Wandel der Bedeutung von Literatur und Geschriebenem lässt sich von der mittelalterlichen Lyrik und Epik über die Medienrevolution im Zeitalter der Reformation bis heute nachzeichnen und anhand entsprechender Texte und deren Rezeption und Wirkungsmacht vorführen. Chrétien de Troyes Einflüsse auf die mittelhochdeutsche Literatur, Luther-Texte und die frühneuzeitliche Flugschriftkultur liefern brauchbares Material.

Kapitel XI. Im Herzen Europas: Die bipolaren Kriegsgesellschaften, die einerseits in Armut um die Existenz ringen und andererseits durch Bereicherung enormen Reichtum hervorbringen und in denen Kunst und Kultur in neutrale Länder verlagert werden, stellen den Kern der Auseinandersetzung Zweigs im XI. Kapitel dar. Aktualisierungen sind auch in Bezug

---

[85] Ebd.: S. 275.

auf den Überfall auf die Ukraine naheliegend, brachte dieser doch für die Rüstungsindustrie und vor allem die Energiekonzerne Rekordgewinne, die durch massive Preiserhöhungen und zu Lasten der Bevölkerung lukriert wurden. Vergleiche zwischen Erstem und Zweitem Weltkrieg sowie der Paradigmenwechsel in der Sichtweise auf den Krieg liefern den Stoff für die Anschlussdiskussion mit zahlreichen Aktualisierungsvarianten wie Balkankonflikte und den Wandel der Supranationalen Organisationen.

Kapitel XII. Heimkehr nach Österreich: Der Abschied vom Mythos Habsburg, die Realität des Nachkriegseuropas, die geprägt war von Elend, Hunger und Inflation, werden am Beispiel Österreichs und Deutschlands exemplifiziert. Dieses Kapitel bedarf weder einer Aktualisierung, noch elaborierter literarischer Brückenschläge, da es sich thematisch wie sprachlich als Gegenstand einer intensiven Auseinandersetzung anbietet.

Kapitel XIII. Wieder in der Welt: Die vielfach unverarbeiteten Eindrücke des Krieges führen einen ethischen und moralischen Paradigmenwechsel herbei. „Leben um jeden Preis" wird zum Credo der Menschen in den jungen und vielfach ungeliebten Demokratien der wilden 1920er Jahre. Was tun mit der demokratischen Freiheit? Was geschah mit Staaten, die, republikanisch unerfahren, neue politische Systeme wie den Kommunismus, Faschismus oder Anfänge des Nationalsozialismus erlebten? Als Aktualisierungen sind Osteuropa und der Balkan nach dem Zweiten Weltkrieg denkbar. Jugend und Politik unter dem Einfluss von Hitlerjugend (HJ) und Bund Deutscher Mädchen (BDM) sind mit Ödon von Horváths *Jugend ohne Gott* (1937) ebenso vorzuführen wie die Freie Deutsche Jugend (FDJ) als Vertreterin des kommunistischen Blocks mit Uwe Johnsons (1934-1984) Erstlingsroman *Ingrid Babendererde. Reifeprüfung 1953*, der posthum 1985 erschien. Der Ungarnaufstand 1956 ist Thema in Johnsons *Mutmaßungen über Jakob* (1959). Der Bogen kann über Dubčeks Prager Frühling mit der Kontextualisierung über Ausschnitte von Margarete von

Trottas Johnson-Verfilmung aus dem Jahr 2002 mit dem Titel *Jahrestage* (1970-83 Bde. I.-IV.) bis zur Auseinandersetzung mit dem Arabischen Frühling nach 2011 mittels Reportagen und Sachtexten gespannt werden. Anhand der hier angeführten literarischen Texte und den darin reflektierten Transformationsprozessen sind auch die Geschlechterrollen und deren Wandel anschaulich darzustellen.

Kapitel XIV. Sonnenuntergang: Zweig stellt vor dem Hintergrund der nahenden neuerlichen Katastrophen kosmopolitische Überlegungen an und berichtet über seine rege Reisetätigkeit als erfolgreicher und renommierter Schriftsteller. Seine Gedanken zu den Salzburger Festspielen, zu Hofmannsthal, Max Reinhardt, Richard Strauss und zum „Jedermann" (1911/1920 – heute) liefern die Grundlage für die entsprechende Bestellung dieses kulturellen Feldes. Die Reise des Autors in „Stalins Sowjetunion" 1928 kann als Anregung zum Vergleich autoritärer Systeme genutzt werden.

Kapitel XV. Incipit Hitler: Vorgeschichte, Machtergreifung in Deutschland und erste Auswirkungen auf Österreich sowie Berichte und „Analysen" zur Lage in Österreich liefert das Kapitel XV. Von latentem bis offenem Antisemitismus, von Schattendorf bis zum Bürgerkrieg und Österreich unter Triregnum und Kruckenkreuz von Mussolinis Gnaden reicht das Spektrum der literarischen Aufarbeitung. Speziell im Zusammenhang mit Zweigs Darstellung des Bürgerkrieges im Februar 1934, mit seinen Seitenhieben auf die Berichterstattung der Presse, ist der Vergleich mit entsprechenden historischen Narrationen lohnend. Politische Polarisierung und Militarisierung, „Bruder- oder Bürgerkrieg" und die Problematik von Minderheiten und deren Marginalisierung lassen sich unter anderem mit Peter Handkes *Immer noch Sturm* (2011) vor Augen führen.

Kapitel XVI. Die Agonie des Friedens: Freiwilliges (1934-38) sowie erzwungenes Exil (1938-42) und die Perspektiven des subtilen Beobachters auf Transformationsprozesse, den endgültigen

Untergang des alten Europas, in dem der Spanische Bürgerkrieg gleichsam einen Prolog darstellt, in dem Hemingway als Literat und Kriegsreporter an zahlreichen Schauplätzen unterwegs war, bilden gepaart mit der Vorahnung künftiger Entwicklungen die zentralen Elemente dieses Abschnitts. Entsprechende Verweise auf die Exilliteratur, beispielsweise zu Thomas Mann und Bertolt Brecht, die Trümmerliteratur mit Heinrich Bölls *Wanderer kommst du nach Spa*... (1950) passen ebenso in die Anschlussdiskussion wie Apokalypsen à la Christoph Ransmayrs *Die letzte Welt* (1988) oder Marlen Haushofers *Die Wand* (1963).

Wieder musterte Faust seine Freunde in Erwartung ihrer Rückmeldungen. „Das alles ist auf der Grundlage eines einzelnen Textes möglich? Unglaublich!", merkte die Suchmaschine an und stellte fest, dass er bereits bei Kapitel IV seine Blitzrecherchen aufgeben musste, weil er bei der Fülle der Anschlussmöglichen trotz perfektionierter Tipp- und Wischtechnik einfach nicht mehr hinterhergekommen war. „Dass man dich einmal recherchetechnisch ans Limit bringen konnte, ist eine reife Leistung des guten Dr. Faust", schmunzelte die Diva und wollte wissen, wo der Vortragende denn die Fülle an historischen und literarischen Andockvarianten aufgetrieben habe. „Ehre, wem Ehre gebührt", entgegnete Faust und verneigte sich in Richtung der Großmutter, die mit einer Hand eine abwehrende Geste vollführte und mit der anderen lächelnd in Richtung der Bücherregale zeigte. „Nun ja, ohne ihre Hilfe hätte ich mich niemals so schnell in dieser Schatztruhe der Erkenntnis zurechtgefunden", erklärte Faust. „Hast du vielleicht noch eine Leseprobe aus Zweigs Text?", wollte die Enkelin wissen.

„Die Sonne schien voll und stark. Wie ich heimschritt, bemerkte ich mit einem Mal vor mir meinen eigenen Schatten, so wie ich den Schatten des anderen Krieges hinter dem jetzigen sah. Er ist durch all diese Zeit nicht mehr von mir gewichen, dieser Schatten, er überhing jeden meiner Gedanken bei

Tag und bei Nacht; vielleicht liegt sein dunkler Umriss auch auf manchen Blättern dieses Buches. Aber jeder Schatten ist im letzten doch auch ein Kind des Lichts, und nur wer Helles und Dunkles, Krieg und Frieden, Aufstieg und Niedergang erfahren, nur der hat wahrhaft gelebt."[86] – „So endet Zweigs Reflexion der Geschichte seines Lebens, in getragenem Ton und voller Melancholie und mit einer leichten Selbstironie in Bezug auf sein persönliches Schicksal am Ende. Ich bin davon überzeugt, dass wir auch wahrhaft leben können, ohne Dunkelheit, Krieg und Niedergang erlebt zu haben." Die Suchmaschine wollte noch wissen, wie sich Faust eine Leistungsbeurteilung im Rahmen des Literaturunterrichts vorstellen könne. „Nun, dazu habe ich etwas vorbereitet", meinte Faust und setzte fort.

3.4 Evaluierung und Integration in den Deutschunterricht

Die Ergebnissicherung innerhalb des Literatur- und Literaturgeschichteunterrichts erfordert neben einem gewissen Fingerspitzengefühl, um das zarte Pflänzchen der Lesemotivation nicht unbedacht zu knicken, auch jene Beharrlichkeit, die notwendig ist, um der Lehrkraft bedeutsam erscheinende Inhalte an die Schülerschaft weitergeben zu können. Dies heißt aber keineswegs, dass jede Form von angemessener und sinnvoller Überprüfung eines Lektüreauftrags unterbleiben muss. Es ist denkbar, das Üben verschiedener maturarelevanter Textgattungen mit dem Literaturunterricht zu verbinden, indem man beispielsweise Zusammenfassungen, Meinungsreden, Leserbriefe, Satiren und Kommentare oder Erörterungen zu Themen der Klassenlektüre und der entsprechenden Anschlussdiskussion verfassen lässt und diese zur Beurteilung heranzieht.

---

86 Stefan Zweig: Die Welt von Gestern. XVI, S. 492-493.

Fragen der Grammatik, des Stils, verschiedenster sprachlicher Register und der Sprachreflexion können auf diese Weise im Rahmen des Literaturunterrichts bearbeitet werden. Zentrale Elemente sollten aber die Anschlussdiskussion und der Austausch von Leseerfahrungen bleiben, um den diskursiven Charakter des hier gewählten Ansatzes zu wahren. Bisweilen scheint es manchen Lehrkräften erhebliche Schwierigkeiten zu bereiten, den eigenen Unterricht zu evaluieren. Dieser Umstand, der mitunter zu wenig reflektierten Beurteilungstendenzen und zu daraus resultierenden Beurteilungsfehlern führen kann[87], verursacht teilweise schwer reparable Störungen in der Lehrenden-Lernenden-Beziehung. Wenn es nun aber, wie oben als Prämisse des vorliegenden Literaturunterrichtskonzepts formuliert, um den Austausch und um die Reflexion aller Beteiligten von in literarischen Texten thematisierten Problemstellungen gehen soll, ist die vertrauensvolle Beziehung zwischen Lernenden und Lehrenden die conditio sine qua non. „Wo es Vertrauen gibt, gibt es mehr Möglichkeiten des Erlebens und Handelns, steigt die Komplexität des sozialen Systems, also die Zahl der Möglichkeiten, die er [der Mensch] mit seiner Struktur vereinbaren kann, weil im Vertrauen eine wirksame Form der Reduktion von Komplexität zur Verfügung steht."[88] Die Rahmenbedingungen für pädagogische Beziehungen unterscheiden sich grundlegend von jenen privater Beziehungen, da sie einerseits nicht freiwillig eingegangen werden und sich andererseits durch ein formales Machtgefälle der Beziehungspartner auszeichnen. Deshalb erfordert der vertrauensvolle Umgang mit der zu unterrichtenden Gruppe von der Lehrperson neben fachlicher Kompetenz,

---

[87] Vgl.: Andreas Helmke: Unterrichtsqualität und Lehrerprofessionalität. Diagnose, Evaluation und Verbesserung des Unterrichts. Fulda 2009. S. 135-137.
[88] Niklas Luhmann: Vertrauen. Ein Mechanismus zur Reduktion sozialer Komplexität. Stuttgart ³1989. S. 7.

Professionalität und Einfühlungsvermögen vor allem ein hohes Maß an „Selbstvertrauen". Martin Schweer kommt in seiner Studie über „Vertrauen im Unterricht" zu dem Schluss, dass bei einem positiven Vertrauensverhältnis die Unterrichtsgestaltung der Lehrperson positiver beurteilt werde, Engagement und Beteiligung am Unterricht zunähmen, Schülerinnen und Schüler ihren persönlichen Lernerfolg höher einschätzten und die Lernenden mit mehr „Spaß" am Werk seien.[89] Damit *wäre* die Basis für gewinnbringenden Literaturunterricht gelegt. Man beachte den Konjunktiv II im Modus Irrealis.

Das hier vorgestellte Literaturunterrichtskonzept für die Oberstufe versteht sich nicht als Korsett, das der Kapiteleinteilung Zweigs folgend, chronologisch abzuarbeiten ist. Die einzelnen Kapitel und die darin fassbaren Themenbereiche und Konzepte sind frei einsetzbar. Dem Entwicklungsstand der Klasse und etwaigen aktuellen Anlässen sind Rechnung zu tragen, einzig das Vorwort und die Dekonstruktion der Perspektivität von Autor und Narration sollte sinnvollerweise am Beginn der Auseinandersetzung mit der *Welt von Gestern* und der Literatur im Allgemeinen stehen. Es gilt zu beachten – wie in allen Bereichen der Geisteswissenschaften –, dass Kontroverses auch kontrovers dargestellt und dementsprechend präsentiert wird. Persönliche Meinungen der Lernenden – auch Ablehnung und Kritik – sind wichtiger Bestandteil des hier gewählten diskursiven Ansatzes und sollten in einem durch Vertrauen geprägten Klima gefördert werden. Für die Bearbeitung weiterführender Texte ist situativ zu klären, ob diese zur Gänze beziehungsweise in Auszügen – schriftlich oder digital – bereitgestellt werden können oder zum Kauf empfohlen werden. Selbstverständlich sind die Textauswahl und

---

[89] Vgl.: Martin Schweer: Vertrauen im Klassenzimmer. In: Ders. (Hg.): Lehrer-Schüler-Interaktion. Inhaltsfelder, Forschungsperspektiven und methodische Zugänge. Wiesbaden ²2008, S. 547-564. S. 556.

Anschlussthemen stetig auf ihre Stimmigkeit hin zu überprüfen und im Bedarfsfall anzupassen. Anregungen speziell von Schülerinnen und Schülern sind in diesem Zusammenhang hilfreiche Denkanstöße, die in den fortwährenden persönlichen Evaluierungs- und Lernprozess mit einbezogen werden sollten, um der mahnenden Stimme von „Mutter Unzufriedenheit" in Bezug auf die Planung und Umsetzung von Unterricht gerecht zu werden.

„So oder so ähnlich hätte mich der Deutschunterricht packen können", erklärte Faust mit einem Lächeln. „Nun könnte man sich fragen, warum ein zugegebenermaßen zeitaufwendiger Literaturunterricht wie eben vorgestellt momentan nicht durchgeführt werden kann", warf die Enkelin ein, um die Antwort selbst zu liefern. „Wenn man einer heterogenen Gruppe junger Menschen die unterschiedlichen Maturatextsorten nahebringen muss, weil an der Reifeprüfung im Fach Deutsch niemand vorbeikommt, ist der Zeitfresser Nummer Eins schon benannt." Faust nickte zustimmend und ergänzte, dass aber die Umsetzung von Teilen solcher Konzepte sehr wohl möglich seien. „Leider kann ich euch noch nicht entlassen, ich wäre nicht euer aller Faust, brächte ich nicht noch etwas Pointierteres, Scharfzüngigeres und Bissigeres zustande. Ich habe ein Konzept für Literaturunterricht vorgestellt, brav und bieder, voller Wohlwollen und fast ohne Seitenhiebe auf das Bildungswesen, lediglich Wilhelm Busch durfte eingangs satirisch sein. Nun, dieser Mangel soll behoben werden!"

3.5 Des Meletos Epigonen: Auf dem Weg zur „Taubstummenanstalt"?

„Während die Schulen die Menschen im Reden drillen […], werden die Geschulten immer stummer."[90]

Wenn über Schulforschung und Schule, Pädagogik, Didaktik und die Anliegen der Bildungspolitik reflektiert werden soll, scheint es angezeigt, eine Klammer zu öffnen und einen aus pragmatischen Gründen sehr verkürzten Blick in die Vergangenheit zu werfen. Wie zu erwarten war, beginnt unsere Zeitreise im klassischen Griechenland.

„Du aber, Meletos, beweist hinlänglich, dass du dir noch niemals Gedanken um die Jugend gemacht hast, und sichtbar stellst du deine Gleichgültigkeit zur Schau, dass du dich um nichts von den Dingen bekümmert hast, derentwegen du mich vor das Gericht bringst."[91]

Nun ist dieser Meletos kein Stammtischredner, der seine Meinung über die Jugend und das Schulsystem zum Besten gibt und en passant gegen die „faulen Lehrer" wettert, er ist auch kein Journalist, der als Meinungsmultiplikator selbst zum politischen Akteur mutiert und der Bildungspolitik den Willen des Volkes kundtut und gute Ratschläge erteilt, sondern er ist die Allegorie einer Ordnungsmacht, die sich stets über die Erziehung der folgenden Generationen zu reproduzieren sucht. Meletos ist eine Allegorie aus jener fernen Zeit, als der Pädagoge noch dazu angehalten war, der Philosophie geeigneten Nachwuchs zuzuführen. Jede Form

---

90 Theodor W. Adorno: „Minima Moralia" neu gelesen, hrsg. von Andreas Bernard u. Ulrich Raulff. Suhrkamp, Frankfurt a.M. 2003 (=Edition Suhrkamp 2284). S. 76.
91 Platon: Apologie des Sokrates. Griechisch-Deutsch. Übertragen und hrsg. von Manfred Fuhrmann. Stuttgart 1986 (=Reclam 8315). S. 29–30.

des Eingriffes in dieses Monopol des Staates galt als Bedrohung desselben und stellte, wie Platon dies am Beispiel des der „Verführung der Jugend" angeklagten Sokrates zeigte, ein todeswürdiges Vergehen dar. Jegliche Form der Kultur wurde unter dem Aspekt der Katharsis von dem Gemeinwohl abträglichen individuellen Affekten gesehen und entsprechend kontrolliert. Es dauerte relativ lange, bis die Pädagogik wieder in den Mittelpunkt staatlichen Interesses rückte und erneut war es ein genuin obrigkeitliches Anliegen, das den Pädagogen neue Betätigungsfelder eröffnete, auf deren theoretischen Überlegungen basierend die Einrichtung und Führung der ersten Zucht- und Arbeitshäuser der Frühen Neuzeit fußten. Als pädagogisches Ziel formuliert war soziale Disziplinierung und die Erziehung der Bürger zu „nützlichen" und verwertbaren Mitgliedern der Gesellschaft nicht nur im Österreich des 17. und 18. Jahrhunderts en vogue und galt nach den ökonomisch-rationalen Auffassungen der Aufklärung als vorzüglicher Schritt in die richtige Richtung, da es sinnvoller und kostengünstiger schien, jene nicht im Sinne des Staates funktionierenden Teile der Bevölkerung zu erziehen, anstatt diese Elemente ausweisen, abschieben, einsperren oder gar hinrichten zu lassen. In jene letzte Phase dieses Prozesses fielen auch die Institutionalisierung der Schule und die Einführung der Schulpflicht unter staatlicher Teil-Kontrolle, wobei es vielen Eltern – vielfach aus ökonomischen Gründen – unmöglich blieb, ihre Kinder der staatlichen Erziehung in vollem Ausmaß zur Verfügung zu stellen. Heute sind es wiederum wirtschaftliche Erfordernisse, denen als Konsequenz der Ruf nach Ganztagsschulen folgt, damit die Eltern als Berufstätige „funktionieren" können. So mutet mit Blick auf die Gegenwart ein 150 Jahre altes Zitat richtiggehend prophetisch an. „Möglichst rasch und zweckorientiert" scheint auch das aktualisierte Credo in Schulreform- und Bildungsdebatte zu sein.

„Nach der hier geltenden Sittlichkeit wird freilich etwas Umgekehrtes verlangt, nämlich eine rasche Bildung, um schnell ein geldverdienendes Wesen werden zu können, und doch eine so gründliche Bildung, um ein sehr viel Geld verdienendes Wesen werden zu können. Dem Menschen wird nur so viel Kultur gestattet als im Interesse des Erwerbs ist, aber so viel wird auch von ihm gefordert. Kurz: die Menschheit hat einen notwendigen Anspruch auf Erdenglück – darum ist die Bildung notwendig – aber auch nur darum!"[92]

Die Herren Johann Amos Comenius, Jean-Jacques Rousseau, Johann Heinrich Pestalozzi und Rudolf Steiner sowie Frau Maria Montessori dürfen in einem historischen Streiflicht keinesfalls unerwähnt bleiben, obwohl ihre Ideen und reformpädagogischen Anregungen auf Privatschulen beschränkt blieben und in die Praxis öffentlich-rechtlicher Schulen nur bedingt Eingang fanden. Vom „Gesellschaftsvertrag" Rousseaus abgeleitete „Generationenverträge" wurden ebenso in die pädagogische Diskussion eingeführt wie die jeweils neusten Erkenntnisse der Psychologie und deren Töchterchen der Entwicklungspsychologie. Man bediente sich auf den ersten Blick anachronistisch erscheinender Entlehnungen bei den griechischen Vorsokratikern und Naturphilosophen und übernahm mit der Lehre von den Grundqualitäten und Temperamenten zentrale Annahmen der von Paracelsus neu interpretierten Humoralpathologie.

---

92 Friedrich Nietzsche: Über die Zukunft unserer Bildungsanstalten. Erster Vortrag (Gehalten am 16. Januar 1872). In: Ders.: Werke in drei Bänden. München 1954, Band 3. S. 177-196. S. 191-192.

Die Literatur reflektierte ihrerseits über zweieinhalb Jahrhunderte hinweg ein heftiges Unbehagen im Kontext von Lernenden-Lehrenden-Schulsystem-Beziehungen.[93] Nach den ideologischen Verwerfungen – selbstverständlich unter Indienstnahme der Pädagogik und des Schulsystems – der ersten Hälfte des 20. Jahrhunderts und darüber hinaus nähern wir uns der Gegenwart und begegnen erstaunlicherweise althergebrachten und seit langem virulenten Problemen. Somit kann die für einen kurzen historischen Exkurs geöffnete Klammer mit dem Fazit geschlossen werden, dass zwar viel Zeit vergangen ist, seitdem Platon die Obrigkeit und die Demokratie selbst vor sein Tribunal – die Dialektik – zitierte, aber an vielen seiner „Beanstandungen" bis heute laboriert wird.

Eines hat sich sehr wohl verändert, nämlich die methodischen Zugänge zur Erziehung, sowohl in der schulischen Praxis als auch in den sich als wissenschaftliche Disziplinen emanzipierenden Bereichen der Pädagogik und Didaktik. Die Schule hat nach 1968 den Weg zu antiautoritären Formen des Unterrichtens gefunden, auch wenn manche der guten alten Zeit mit Prügelpädagogik und Rohrstockdidaktik nachtrauern. Die neuen, selbstbewussten Erziehungswissenschaften haben ihre Liebe zur Empirie entdeckt. So wurden und werden unter den Prämissen der Validität, Reliabilität und Relevanz Testverfahren entwickelt, Untersuchungen durchgeführt, Ergebnisse gedeutet und in kaum mehr überschaubarer Menge

---

93 Um nur einige wenige der bekanntesten Autoren zu nennen: Jakob Michael Reinhold Lenz: Der Hofmeister (1774), Johann Nepomuk Nestroy: Die schlimmen Buben in der Schule (1847), Frank Wedekind: Frühlingserwachen (1891), Thomas Mann: „Schulkapitel" Buddenbrooks (1901), Hermann Hesse: Unterm Rad (1906), Robert Musil: Die Verwirrungen des Zöglings Törleß (1906), Heinrich Mann: Professor Unrat (1905) und: Der Untertan (1914/18), Friedrich Torberg: Der Schüler Gerber (1930), Ödön von Horvath: Jugend ohne Gott (1937), Thomas Bernhard: Die Ursache (1975), Christine Haidegger: Zum Fenster hinaus (1979), Julie Zeh: Spieltrieb (2004), u.v.m.

publiziert. Man ist versucht zu sagen, dass nahezu alle Publikationen in Fachzeitschriften „begraben" wurden und somit die für die Meinungsbildung einer breiteren Öffentlichkeit notwendige Resonanz nicht erreichen konnten. Es müsse sich etwas ändern, so der Tenor der dergestalt bestatteten Schriftstücke, Reformen der Reformen werden angedacht und diskutiert. Es hat „Schule" gemacht, alles zu internationalisieren, die Leistungen müssen vergleichbar sein, Rankings und supranationale Testverfahren sind in aller Munde. Zur Ehrenrettung der modernen pluralistischen Gesellschaften sollte nicht unerwähnt bleiben, dass es in den letzten Dekaden sicherlich immer schwieriger geworden ist, als systemerhaltende Ordnungsmacht seinen Einfluss im „Staatsmodell Schule" angesichts der vielen Mitbewerber wie der Werbung, den Neuen Medien und den Sozialen Netzwerken aufrecht zu erhalten. Eine zeitlich relativ frühe Diagnose dieses Problems formulierte Theodor W. Adorno bereits 1959, wenngleich in erster Linie auf Rundfunk und Fernsehen verweisend.

„Die unablässig weiter anwachsende Differenz zwischen gesellschaftlicher Macht und Ohnmacht verweigert den Ohnmächtigen – tendenziell bereits auch den Mächtigen – die realen Voraussetzungen zur Autonomie, die der Bildungsbegriff ideologisch konserviert."[94]

So wurden Bildungsstandards formuliert und deren Überprüfung standardisiert. Mit der Teil-Standardisierten Reife- und Diplomprüfung und ihren drei Säulen dämmerte ein weiteres, leuchtendes Fanal im Zuge der neuen Bildungs- und Schulpolitik herauf. Diese Säulen, wohl um so etwas wie „Bildung" zu suggerieren, als die tragenden Stützen eines antiken Tempels dargestellt, zeugen wahrlich von „edler Einfalt und

---

94 Theodor W. Adorno: Theorie der Halbbildung (1959). In: Ders.: Gesammelte Schriften. Band 8. Soziologische Schriften I. Darmstadt 1998. S. 93-121. S. 101.

(sehr) stiller Größe"[95]. Das Zentrale an all diesen Reformen ist der Wunsch der Bildungspolitik nach vergleichbaren Leistungen, die sich national wie international präsentieren lassen und den Nebeneffekt haben sollen, dass mehr Schülerinnen und Schüler über einen „höheren" Abschluss verfügen – und all dies lässt sich am besten durch empirische Befunde belegen. Die Naturwissenschaften und die Ökonomie zeigen vor, wie es mit dem größtmöglichen Effekt zu machen ist. Ein Diagramm sagt mehr als tausend Worte, vor allem dann, wenn die Deutung der Statistik konveniert und vom Verfasser der Studie entsprechend kommentiert gleich mitgeliefert wird.

Kaum eine Studie hat es in punkto Breitenwirksamkeit weiter geschafft als bis zur Randnotiz in einer großen Tageszeitung oder auf eine entsprechende Onlineplattform – mit einer großen Ausnahme. Der Neuseeländer John Hattie schmückte bereits das Deckblatt seines Bestsellers *Visible Learning*[96] mit zahlreichen Diagrammen, schließlich gehe es doch um Messbares und in Statistiken Überführbares, „nicht um gefühlte Temperaturen"[97]. Ein deutscher Journalist feierte emphatisch, was in diesem Falle die bildungspolitischen Ordnungshüter bereits wohlwollend zur Kenntnis genommen hatten, und eifrig dabei sind, dies in ihre neue Programmatik zu implementieren. Zu Beginn des

---

[95] Johann Joachim Winckelmann: Gedanken über die Nachahmung der griechischen Werke in der Malerei und Bildhauerkunst. Reclam, Stuttgart 1969. S. 24. (Text der 2. Auflage von 1756). „Das allgemeine vorzügliche Kennzeichen der griechischen Meisterstücke ist endlich eine edle Einfalt, und eine stille Größe, sowohl in der Stellung als im Ausdrucke. So wie die Tiefe des Meers allezeit ruhig bleibt, die Oberfläche mag noch so wüten, ebenso zeiget der Ausdruck in den Figuren der Griechen bei allen Leidenschaften eine große und gesetzte Seele."
[96] John A. C. Hattie: Visible learning: a synthesis of over 800 meta-analyses relating to achievement. London u. a. 2009.
[97] Jan Friedmann: Zurück zum Kerngeschäft: Der neuseeländische Forscher John Hattie hat ermittelt, was Schüler erfolgreich macht – und was nicht. Sein Befund muss übereifrige Reformer stoppen: Auf den Unterricht kommt es an. In: Der Spiegel. 16/2013. S. 38-40. S. 40.

medialen Hypes um Hattie keimte in der im öffentlichen Diskurs verfemten Lehrerschaft noch Hoffnung, weil ja die Lehrkraft den Unterschied mache und somit aufgewertet wurde.[98] Dieser Hoffnung folgte mit Blick auf die Rezeption der Hattie-Studie seitens der Politik rasch eine gewisse Ernüchterung. Hatties Verabsolutierung von positiven wie negativen Effekten, seine Kompilation von scheinbar unzusammenhängenden Einzelstudien und nicht zuletzt die Methode der Meta-Analyse selbst sollten jedem seriösen Freund der Empirie die Zornesröte ins Gesicht treiben.[99] Bei den Reformen und Reförmchen der letzten Jahre ist die Masse davon an den Klassenzimmern spurlos vorübergegangen. Gute Pädagogen sind wichtig, so John Hattie. Das scheint keine sonderlich bahnbrechende Erkenntnis zu sein. Die logische Schlussfolgerung daraus wird nicht wirklich thematisiert, der Umstand, dass es auch weniger gute Vertreter der Zunft gibt. Diese aber dazu zu animieren, besser zu werden oder ihren Beruf zu wechseln, stand bis dato noch nie auf der Reform-Agenda. Die stillschweigende Duldung von massiven Qualitätsunterschieden innerhalb der Lehrerschaft sei laut Hattie – Punkt für seine teilweise Ehrenrettung – eine „Verschwörung des Schweigens".[100]

Es ist erstaunlich, dass die Struktur des Schulsystems und „Banalitäten" wie Gebäude und deren Räumlichkeiten in dieser Studie des neuen Bildungsgurus als „bedeutungslos" eingestuft

---

98 Martin Spiewak: Ich bin superwichtig! Kleine Klassen bringen nichts, offener Unterricht auch nicht. Entscheidend ist: Der Lehrer, die Lehrerin. Das sagt John Hattie. Noch nie von ihm gehört? Das wird sich ändern. In: Die Zeit. 03.01.2013. http://www.zeit.de/2013/02/Paedagogik-John-Hattie-Visible-Learning S.1-6. (05.05.2022).
99 Georg Lind (2013): Meta-Analysen als Wegweiser? Zur Rezeption der Studie von Hattie in der Politik. S.1. http://www.uni-konstanz.de/ag-moral/pdf/Lind-2013_meta-analysen-als-wegweiser.pdf (12.05.2022)
100 Vgl.: Martin Spiewak: Ich bin superwichtig! In: In: Die Zeit. 03. 01. 2013. S. 5.

wurden, weniger erstaunlich aber ist, dass die Bildungspolitik dafür sofort Feuer und Flamme war. Wenn die großen Kostenverursacher für den Lernerfolg irrelevant sind und eigentlich nur die *Lehrerbildung* zur *Lehrerausbildung* gemacht werden muss, so ist diese Reaktion der Epigonen des Meletos logisch nachvollziehbar. Wir nennen eben nur all jenes schön und gut, was wir zu sehen wünschen.[101] Die neuen Curricula der Lehramtsstudien, die fachliche Expertise zugunsten von Sesselkreisen an Pädagogischen Hochschulen reduzieren, sollen eben diese schleichende Abkehr von der Bildung hin zur Ausbildung gewährleisten. Sie führen dadurch der Neuen Mittelschulen Lehrkräfte zu, weil weniger Arbeitsaufwand für den Einzelnen durch Teamteaching und allgemein niedrigere Anforderungen bei vergleichbarer Entlohnung bei der Arbeitsplatzwahl starke Motivatoren darstellen. Das Aushungern der Allgemeinbildenden Höheren Schulen hat damit eine neue Dimension erreicht. Ein Schelm, der Arges dabei denkt! Empirische Untersuchungen belegen auch hier mit Sicherheit die als nobelpreisverdächtige Quantensprünge gefeierten Reformen der Experten im Bildungswesen.

Warum könnte der Wegbereiter der modernen Naturwissenschaften und der neuzeitlichen wissenschaftlichen Empirie, der Engländer Sir Francis Bacon, der fingierte Adressat in *Ein Brief* des „sprachlosen" Hugo von Hofmannsthal gewesen sein? Wohl kaum, weil Hofmannsthal nichts von der Empirie per se hielt. Möglicherweise, so möchte man spekulieren, war es einfach literarisch reizvoll, die wissenschaftliche Empirie mit einem zutiefst menschlichen – man ist versucht zu sagen, mit einem hermetischen, geisteswissenschaftlichen – Problem zu konfrontieren. So wie die Geisteswissenschaften kein physikalisches Experiment durchführen sollten, so sind aus der Ökonomie oder Naturwissenschaft entlehnte Methoden nicht

---

101 Thomas v. Aquin: Summa Theologica. I, q.5, a.4, ad1. „[…] pulchra enim dicuntur, quae visa placent."

immer geeignet, den Menschen betreffende Probleme aufzuzeigen oder gar zu lösen. Für das Individuum ist die „gefühlte Temperatur" das Maß aller Dinge, nicht die mit dem Verweis auf eine Jahresmittelstatistik prognostizierte. Vielleicht wäre es nützlich und mitunter für alle Beteiligten im Schulsystem förderlich, nicht zu vergessen, dass es um Menschen und deren Befinden geht, um die Schülerinnen und Schüler sowie deren Lehrkräfte, die heute allzu gerne zu statistischen Parametern degradiert und in Tabellen einsortiert werden.

Allen von erdbebensicheren Elfenbeintürmen Träumenden sei gesagt, dass es zu keiner Zeit möglich war, akademische Bildung durch den Abschluss eines Studiums zu erlangen, sondern stets persönliches Interesse, Engagement, eine gewisse Leidenschaft und viel Zeit erforderlich waren, um dem Phantom Bildung nachzujagen. Heute ist es „machbar", an einer geisteswissenschaftlichen Fakultät abzuschließen, ohne jemals mit Texten von Platon, Aristoteles, Cicero, Augustinus, Thomas von Aquin, Dante, Petrarca, Erasmus von Rotterdam, Thomas Moore, Francis Bacon, Rene Descartes, Immanuel Kant, Arthur Schopenhauer, Friedrich Nietzsche, Sigmund Freud, Walter Benjamin, Theodor Adorno – die Reihe ließe sich beliebig erweitern – oder Vertretern der „kanonischen" Literatur nähere Bekanntschaft gemacht zu haben. Es ist in unserer Zeit scheinbar bedeutungslos zu wissen, dass die Klassiker, oder besser formuliert, jene ex post zu Klassikern stilisierten Herren Johann W. von G. und Friedrich S. ihre Bildung vor allem aus den Aphorismen-Sammlungen eines Erasmus speisten. Und woher hatte der fromme Mann seine Bildung? Nein! Heute ist dies alles pragmatisch zu sehen, es geht nicht um Ursache und Wirkung, sondern um Zweck- und Kompetenzorientierung. Der Verfasser dieses aus dem Internet mittels „copy and paste" kopierten „stream of consciousness" muss nun zurück zu seinen Statistiken und überlässt das Fazit einem Italienreisenden.

„Auf dieser Reise, hoff ich, will ich mein Gemüt über die schönen Künste beruhigen, ihr heilig Bild mir recht in die

Seele prägen und zum stillen Genuß bewahren. Dann aber mich zu den Handwerkern wenden, und wenn ich zurückkomme, Chymie und Mechanik studieren. Denn die Zeit des Schönen ist vorüber, nur die Not und das strenge Bedürfnis erfordern unsre Tage."[102]

Kultur- und Bildungspessimismus ist nicht angezeigt, geschätzter Reisender, denn die Zeit des Schönen ist nur dann wirklich vorüber, wenn sich niemand mehr an das Schöne erinnert, das auf den ersten Blick nicht beruflich verwertbar erscheint. Woran mag Herr von G. wohl gedacht haben, als er die folgenden Verse verfasste?

Uebermacht, Ihr könnt es spüren,
Ist nicht aus der Welt zu bannen;
Mir gefällt zu conversiren
Mit Gescheiten, mit Tyrannen.

Da die dummen Eingeengten
Immerfort am stärksten pochten.
Und die Halben, die Beschränkten
Gar zu gern uns unterjochten;

Hab' ich mich für frey erkläret,
Von den Narren, von den Weisen,
Diese bleiben ungestöret,
Jene möchten sich zerreifsen.[103]

---

[102] Johann Wolfgang von Goethe: Gesamtausgabe der Werke und Schriften in zweiundzwanzig Bänden, Band 11. Cottasche Buchhandlung Nachfolger, Stuttgart o.J. S. 258-259.

[103] Johann Wolfgang von Goethe: West-östlicher Divan. Buch 5: Rendsch Nameh. Buch des Unmuths. Cottaische Buchhandlung, Stuttgart 1819. S. 86. http://www.deutschestextarchiv.de/book/view/goethe_divan_1819/?hl=RendRen&p=96 (12.06.2022). Orthographie in Text und Titel richten sich nach dem digitalisierten Original.

Ob Herr von G. wohl die Texte seines Zeitgenossen, Herrn S., ausgiebig studiert hatte, der da meinte:

„Es läßt sich eben so wenig sagen, daß der Geist die Schönheit erzeuge, als man, im angeführten Fall, von dem Herrscher sagen kann, daß er Freyheit hervorbringe; denn Freyheit kann man einem zwar lassen, aber nicht geben. […] Wenn sich der Mensch seiner reinen Selbstständigkeit bewußt wird, so stößt er alles von sich, was sinnlich ist, und nur durch diese Absonderung von dem Stoffe gelangt er zum Gefühl seiner rationalen Freyheit. Dazu aber wird, weil die Sinnlichkeit hartnäckig und kraftvoll widersteht, von seiner Seite eine merkliche Gewalt und große Anstrengung erfordert, ohne welche es ihm unmöglich wäre, die Begierde von sich zu halten, und den nachdrücklich sprechenden Instinkt zum Schweigen zu bringen. Der so gestimmte Geist läßt die von ihm abhängende Natur, sowohl da, wo sie im Dienst seines Willens handelt, als da, wo sie seinem Willen vorgreifen will, erfahren, daß er ihr Herr ist."[104]

Zugegebenermaßen ist es einfacher und bequemer, auf einem fein gepolsterten Divan fernzusehen als einen West-östlichen zu lesen und sich mit Fragen der seelischen Anmut und menschlichen Würde zu quälen. Oder könnte die Auseinandersetzung mit derart „Nutzlosem und dazu noch Veraltetem" sich in irgendeiner Form als nützlich erweisen? Ist Reflexion und Kontemplation für uns Stressgeplagte oder für künftige Generationen von potenziellen Burn-out-Opfern doch mehr wert als die gebetsmühlenartige Wiederholung sinnfreier Slogans wie „life-long-learning" – ohne den perfiden Hintergedanken dieses wunderschönen Anglizismus auch nur zu erahnen?[105] Weltfremd und utopisch? Warum? Das „utopische Volk"

---

104 Friedrich Schiller: Ueber Anmuth und Würde. In: Ders. (Hg.): Neue Thalia. Dritter Band, welcher das erste bis dritte Stück enthält. Georg Joachim Göschen, Leipzig 1793. S. 115-228. S. 171 u. 173-174.
105 Vgl.: Konrad Paul Liessmann: Theorie der Unbildung. Die Irrtümer der Wissensgesellschaft. Piper, München u. Zürich ⁵2011. S. 33.

ist verständig, liebenswürdig, gewerbefleißig, gemächlich und dennoch beharrlich in der Arbeit, sobald die Arbeit nötig ist. Ihre vornehmste Passion ist die Übung und Entwicklung der Geisteskräfte.[106] Sind dies nicht genau jene Eigenschaften und „Tugenden", die wir vorgeben, unserer Jugend über das Bildungssystem vermitteln zu wollen oder formen sich die Brüder Meletos und Mammon, die Vertreter der staatlichen Ordnungsmacht und der Wirtschaft, den willigen Homo loquax, den geistlosen Schwätzer und unreflektierten Nachplapperer in einer Taubstummenanstalt?

Faust blickte auf und lächelte siegessicher. Die Enkelin lächelte ebenfalls, die Suchmaschine blickte ernst und die Diva hatte einen leichten Anflug von Unsicherheit in ihrem Gesichtsausdruck. „Meletos und Mammon als Allegorien für Politik und Wirtschaft, als Brüderpaar, das sich gegenseitig an der Macht hält und diese Macht über das Bildungswesen zu erweitern sucht, sind ein treffendes Bild", meinte die Enkelin. „Ich habe einige ironisierte Anspielungen nicht verstanden", gestand die Diva, „was hat es mit dem West-östlichen Divan und der seelischen Anmut und menschlichen Würde auf sich?" Die Suchmaschine war bereits vorbereitet. „Der *West-östliche Divan* erschien 1819 und wurde 1827 erweitert. Er ist die umfangreichste Gedichtsammlung von Johann Wolfgang von Goethe, die durch die Werke des persischen Dichters Hafis inspiriert worden war. Durch die Aufnahme des Goethe- und Schiller-Archivs der Klassik-Sammlung Weimar im Jahr 2001 ist Goethes Reinschrift des Werkes Teil des UNESCO-Weltdokumentenerbes."[107] Faust nickte der Suchmaschine zu

---

106 Vgl.: Thomas Morus: Utopia. Übersetzung von Hermann Kothe. Anaconda, Köln 2009. S. 107.
107 https://de.wikipedia.org/wiki/West-%C3%B6stlicher_Divan (14. 11. 2022).

und erklärte, dass diese Gedichtsammlung nach orientalischem Vorbild mitunter auch als Versuch Goethes gedeutet werden könne, sich der Religion auf philosophischem Weg zu nähern. „Hört euch den Anfang und das Ende des *Hégire*, des ersten Gedichts im Divan an. Den Titel bildet die französische Form des Begriffs Hedschra, der die Flucht Mohammeds von Mekka nach Medina im Jahr 622 bezeichnet und das Jahr Null der islamischen Zeitrechnung markiert. Im Gedicht wird das lyrische Ich erst vom islamischen Heiligen Chiser, der für die zyklische Erneuerung der Vegetation und das Gute an sich steht, verjüngt, um schließlich die Kraft zu haben, durch die Teilhabe an der orientalischen Kultur den Dingen auf den Grund zu gehen. Am Ende begeistern die Dichterworte sogar die Huris, die ewigen Jungfrauen im islamischen Paradies. Eben diese Dichterworte sollen auch den Zugang zu ewigem Leben eröffnen. Verjüngung, ewiges Leben, ewige Erkenntnissuche – kommt euch das nicht bekannt vor?" Faust grinste ahnungsvoll, legte seine Unterlagen auf dem Rednerpult ab und trug die Verse mit starkem Ausdruck vor.

Hégire
Nord und West und Süd zersplittern,
Throne bersten, Reiche zittern,
Flüchte du, im reinen Osten
Patriarchenluft zu kosten,
Unter Lieben, Trinken, Singen,
Soll dich Chisers Quell verjüngen.

Dort, im Reinen und im Rechten,
Will ich menschlichen Geschlechten
In des Ursprungs Tiefe dringen,
Wo sie noch von Gott empfingen
Himmelslehr' in Erdesprachen,
Und sich nicht den Kopf zerbrachen.

[...] Will in Bädern und in Schenken
Heil'ger Hafis dein gedenken,
Wenn den Schleyer Liebchen lüftet,
Schüttelnd Ambralocken düftet.
Ja des Dichters Liebeflüstern
Mache selbst die Huris lüstern.

Wolltet ihr ihm dies beneiden,
Oder etwa gar verleiden;
Wisset nur, dafs Dichterworte
Um des Paradieses Pforte
Immer leise klopfend schweben,
Sich erbittend ew'ges Leben.[108]

„Wie bringt man nun den *Divan* mit Schillers Aufsatz *Ueber Anmuth und Würde* in Verbindung?", wollte die Diva wissen. Ehe Faust auf diese Frage reagieren konnte, hatte sich die Suchmaschine eingeschaltet und erläutert, dass in Schillers Text speziell die letzte der drei Kant'schen Kritiken reflektiert und verarbeitet worden sei. Nach der *Kritik der reinen Vernunft*, die vereinfacht ausgedrückt die Frage klären sollte, was man wissen könne, und der *Kritik der praktischen Vernunft*, die erläuterte, was man tun solle, habe Kant in der *Kritik der Urteilskraft* das transzendente, das Göttliche noch einmal unter das geistige Mikroskop der Philosophie gelegt, es sei die Frage, was man hoffen dürfe, verhandelt worden. Schiller habe durch seine Reflexion der Kant'schen Philosophie in Bezug auf die Doppelnatur des Menschen als Gefühls- und Vernunftwesen versucht, die menschliche Schönheit mit dem Begriffspaar Anmut und

---

108 Johann Wolfgang von Goethe: West-östlicher Divan. Buch 1: Moganni Nameh. Buch des Sängers. Cottaische Buchhandlung, Stuttgart 1819. S. 1 u. 4.

Würde zu erklären.[109] „Ich werde zu Schillers Text in meinem Beitrag zu unseren Schnuppertagen noch zusätzliche Erläuterungen liefern. Um die Frage unserer Diva nach der Verbindung zwischen der Gedichtsammlung Goethes und Friedrich Schillers theoretischem Text zu beantworten, habe ich einen Vorschlag. In beiden Werken geschieht eine Annäherung an theologisch konnotierte Inhalte über die Philosophie, in beiden Werken erfolgt eine Reflexion auf der Grundlage von bereits existenten Quelltexten, die Gedichte des persischen Schriftstellers Hafis und Immanuel Kants Kritiken, und beide Texte rufen letztlich zur Toleranz gegenüber dem Fremden, zur Toleranz gegenüber anderen Ansichten auf." Alle Anwesenden blickten die Suchmaschine mit einer gewissen Bewunderung an, bis Faust wieder das Wort ergriff. „Dem ist kaum mehr etwas hinzuzufügen. Ich möchte nur noch darauf hinweisen, dass die Toleranz ein zentrales Wesensmerkmal des ‚Weltbürgers' im Humboldt'schen Bildungsbegriff darstellte, der heute gerne als weltfremd und nicht mehr zeitgemäß bezeichnet wird." – „Nun ist mir einiges klarer geworden. Die Schlagworte wie Bildungsoffensiven und Bildungsreformen scheinen nur das Erleichtern von formalen Abschlüssen zu bedeuten. Warum wird die Bildung, wie sie Faust in seinem satirischen Essay skizziert hat, vom Staat nicht mehr gefördert?", wollte die Diva wissen. Niemand antwortete auf die offensichtlich rhetorische Frage.

---

109 Vgl.:https://de.wikipedia.org/wiki/%C3%9Cber_Anmut_und_W%C3%BCrde (14.11.2022).

4 Die Frage nach der Kausalität

Die Diva war an das Rednerpult getreten und hatte ihre Unterlagen mit zitternden Händen auf demselben abgelegt. Sie fühlte einen Knoten im Hals und griff nach dem bereitgestellten Wasserglas, nahm einen Schluck daraus, zupfte ihren Blazer zurecht und sah ihre Freunde an. Faust lächelte wohlwollend, die Enkelin und die Suchmaschine nickten ihr zu, sahen sie aufmunternd und doch erwartungsvoll an. Leise begann sie. „Jared Diamonds *Guns, Germs and Steel*, deutscher Titel *Arm und Reich*, und Michael Mitterauers *Warum Europa?* – Ein Vergleich aus geschichtstheoretischer Perspektive." Die Großmutter bedeutete ihr durch lautloses Artikulieren und entsprechende Gesten, lauter zu sprechen. Die Diva räusperte sich, nahm noch einen Schluck aus dem Glas und begann erneut. Zu ihrer Erleichterung klang ihre Stimme nun deutlich und klar.

Jared Diamonds *Guns, Germs and Steel*, deutscher Titel *Arm und Reich*, und Michael Mitterauers *Warum Europa?* – Ein Vergleich aus geschichtstheoretischer Perspektive. Die Reflexion über Theorien der Geschichtswissenschaft ist nur auf den ersten, oberflächlichen Blick die Auseinandersetzung mit einer trockenen Materie. Im Rückblick auf Perspektiven und Zugänge bei der Auseinandersetzung der Historiographie mit ihrem eigenen Fachgebiet werden die zeitlichen Kontexte der jeweiligen Epoche mit ihren Anforderungen und Zwängen deutlich.

„In den Begriffen ‚Weltgeschichte' und ‚Globalgeschichte' sind die neuesten Strömungen innerhalb der Geschichtswissenschaft verborgen, die vom englischen Sprachraum ausgehend seit den frühen 1990er Jahren den Diskurs bestimmen.

Will man differenzieren, dann wäre ‚Weltgeschichte', *world history*, die Geschichte der verschiedenen Zivilisationen auf der Welt unter besonderer Berücksichtigung des Vergleichs zwischen ihnen, ‚Globalgeschichte' oder *global history* hingegen primär die Geschichte der Kontakte und Interaktion zwischen diesen Zivilisationen."[110]

In der folgenden Betrachtung und dem Vergleich von Jared Diamonds *Arm und Reich* und Michael Mitterauers *Warum Europa?* wird diese Unterscheidung nicht durchgängig vorgenommen, da die Untersuchung von Wechselwirkungen und Sonderentwicklungen bei der Frage nach der Kausalität der Ereignisse nützlich und damit unvermeidbar ist. Selbstverständlich können Kontinuitäten, Brüche und allgemeine Probleme in der Genese der Geschichtswissenschaft nur exemplarisch angedeutet werden, um den Rahmen dieser Annäherung nicht zu sprengen.

4.1 Erfindet sich die Historiographie immer wieder neu?

Die Topoi der Wahrheits- und Quellenberufung sind nicht nur ein weitverbreitetes Merkmal mittelalterlicher Dichtung, sondern finden sich in der Historiographie seit ihren Anfängen.

„Herodot von Halikarnassos veröffentlicht hiermit seine ιστορίης απόδεξις (Darstellung des Erforschten), auf dass die menschlichen Werke bei der Nachwelt nicht in Vergessenheit geraten, und damit große und wunderbare Taten der Griechen und der Barbaren nicht ohne Gedenken bleiben. Vor allem aber soll man erfahren, warum sie gegeneinander zum Kriege schritten."[111]

Bemerkenswert ist bei Herodot (ca. 484-430 v. Chr.), dem Vater der Geschichtsschreibung, nicht allein die klare

---

110 Jürgen Osterhammel u. Niels P. Peterson: Geschichte der Globalisierung. Dimensionen, Prozesse, Epochen. München [4]2007. S. 18-19.
111 Herodot. Historien. Hrsg. von Josef Feix. Düsseldorf [2]2004. (Proömium Herodot 1,1-5).

Zielformulierung, die er seinem Werk voranstellt, sondern auch die Frage nach dem „Warum" – nach der Kausalität der Ereignisse, die er durch persönliche Forschung und durch Erzählungen in Erfahrung gebracht hatte. Es ist ein Wesenszug der Wissenschaft, dass sie ihre Ergebnisse unter Berufung auf Quellen, welche eifrig zitiert werden, zur „Wahrheit" oder besser gesagt zum „neusten Stand der Forschung" erklärt. Daneben stellt der aktuelle wissenschaftliche Diskurs den Rahmen für die Auseinandersetzung mit einer Fragestellung dar. Bei der Lektüre von Herodots Historien lässt sich dieses Markenzeichen der Wissenschaftlichkeit ohne weiteres nachvollziehen. Er nimmt wiederholt auf hippokratische Schriften Bezug, die er bei seiner Konzeption des Selbstverständnisses der Griechen durch die bemerkenswert wertneutrale Darstellung der Barbaren miteinbezieht. Naturräumliche Gegebenheiten erscheinen bei ihm in ersten Anklängen als Ursachen für die Unterschiede zwischen den Gesellschaften und machen ihn zum Ahnherrn eines „geographisch und klimatisch gesteuerten ‚ethnographischen Diskurses', der kulturelle Differenzen fast wertneutral verzeichnet."[112]

Die europäische Geschichtsschreibung und damit auch das Geschichtsbild wurden nach den Zeiten der hellenistischen und römischen Historiographie für nahezu 1500 Jahre religiös dominiert. Mit der Aufklärung begann der bis heute andauernde Prozess der Säkularisierung, der in den feinen Salons der Philosophen und Staatstheoretiker seinen Anfang nahm. Nun befreite sich unter dem Eindruck eines sich immer stärker wandelnden Weltbildes auch die Geschichtswissenschaft von theologischen Zwängen. Dies bedeutete jedoch nicht, dass Geschichte fortan von Gremien geschrieben wurde, die völlig frei von persönlichen und subjektiven Wertvorstellungen

---

112 Markus Völkel: Geschichtsschreibung. Eine Einführung in globaler Perspektive. Köln, Weimar u. Wien 2006. S. 44.

Fragen an die Vergangenheit formulierten. Ihre eigene Perspektive, die auf der jeweiligen lebensweltlichen und kulturellen Prägung fußte, bestimmte natürlich weiterhin die Rekonstruktion von Geschehenem. In diesem Zusammenhang ist es nicht weiter verwunderlich, dass staatliche und kirchliche Auftraggeber bis ins späte 18. Jahrhundert zweckorientierte Historiographie zur eigenen Legitimation förderten. Staatliche Ansprüche zu untermauern und den Beweis der Rechtgläubigkeit zu liefern, waren die zentralen Motivatoren für diese Formen der Auftragsgeschichtsschreibung.[113] Der Vergleich mit den senatorischen Geschichtsdarstellungen während der römischen Republik ist an dieser Stelle sehr aufschlussreich und es zeigen sich lediglich alte Beweggründe, die nun mit dem Anspruch auf Wissenschaftlichkeit versehen sind, in neuem Gewand.

Nach Revolution 1789 und Restauration ab 1815 führte die Exklusion vom politischen Leben zu einem Bildungsbürgertum, das seine Energien in Wissenschaft und Forschung investierte oder sich in die heile Welt der eigenen vier Wände zurückzog, um sich an Literatur und Poesie zu delektieren. Diese Gesellschaftsschicht war maßgeblich an der Herausbildung der modernen Wissenschaftszweige und damit auch an einer Geschichtsschreibung beteiligt, die zunehmend auf Distanz zu der den Staat oder die Kirche legitimierenden und in diesem Kontext identitätsstiftenden Auftragshistoriographie ging. Man sieht in dieser Phase gerne die Wurzeln des Historismus als eine Strömung, die Zahlen, Daten und Fakten aneinanderreiht, um die Geschichte „sittlicher Mächte oder großer Männer"[114] zu erzählen, die der Weltgeschichte ihren Stempel aufprägten. Der Historismus versteht die Funktion der Geschichtswissenschaft darin, möglichst klar und „objektiv"

---

113 Vgl.: Ebd.: S. 216.
114 Ebd.: S. 285.

zu zeigen, wie sich Vergangenes zugetragen hat. Die Staatsgeschichte erfährt große Beachtung, während sozial- und wirtschaftsgeschichtliche Aspekte oftmals nur Randnotizen darstellen. Der Historismus postuliert einerseits die historische Entwicklung, andererseits die Variationsbreite historischer Ereignisse bis hin zur Einzigartigkeit geschichtlicher Prozesse und erweitert diese beiden Theoreme schließlich um den Aspekt des Verstehens.[115]

Die Diva griff erneut zum Wasserglas, um ihren Stimmapparat zu ölen, und die Enkelin füllte die dadurch entstandene Stille mit einer Zwischenfrage. „Habe ich dich recht verstanden? Die Geschichtsschreibung selbst hat eine lange und wechselvolle Geschichte. Es ging also nicht immer einfach darum, Vergangenes für die Nachwelt festzuhalten?" – „Nein, in unterschiedlichen Kulturräumen hat die Historiographie diverse Entwicklungen durchgemacht und auch verschiedene Funktionswandel erlebt. Die Geschichtsschreibung ist selbst zum Forschungsgegenstand geworden", antwortete die Diva und setzte ihre Ausführungen fort.

4.2 Ein Zitat als Beispiel zur Quellenproblematik

Jared Diamond zitiert in seinem Werk *Guns, Germs and Steel* Thomas Carlyle. „Die Weltgeschichte, sprich die Geschichte des vom Menschen auf Erden Erreichten, ist im Kern nichts anderes als die Geschichte großer Männer, die hier wirkten."[116]

---

[115] Vgl.: Ebd.: S. 283-285. Siehe auch: Lothar Kolmer: Geschichtstheorien. Fink, Paderborn 2008. (Der Historismus und die Hermeneutik des Sinns. S. 44-32.).
[116] Jared Diamond: Arm und Reich. Die Schicksale menschlicher Gesellschaften. Frankfurt a. M. ⁷2011. S. 521. (engl. Jared Diamond: Guns, Germs ans Steel. The Fates of Human Societies. New York 1997.)

Dieses Zitat, das noch geprüft werden soll, wird in dieser oder ähnlicher, abgewandelter Form meist wie bereits oben ausgeführt im Zusammenhang mit dem Historismus verwendet, vor allem aber als klare Abgrenzung der modernen Geschichtsschreibung zu ihrer eigenen Vergangenheit, deren Nachklänge noch heute an vielen Bildungsinstitutionen spürbar sind. Thomas Carlyles (1795-1881) Gedanken zur Theorie der Geschichtswissenschaft wurden weit über das viktorianische England hinaus vielfach rezipiert. *Thoughts on History* erschien erstmals in einer Zeitschrift im November 1830.[117] An dieser Stelle ist es angezeigt, eine Klammer zu öffnen und *Thoughts on History* zu lesen.

„It is a looking both before and after; as, indeed, the coming Time already waits, unseen, yet definitely shaped, predetermined, and inevitable, in the Time to come;"[118] So stellt Carlyle seine Sicht auf die Geschichte dar, bei der seine durch die calvinistische Prädestinationslehre geprägte Weltanschauung ebenso deutlich zutage tritt wie der Topos von einer Historiographie, die in die Vergangenheit blickt, um die Gegenwart zu verstehen, und die Zukunft, die in Geschehenem und Gegenwärtigem grundgelegt ist, erahnen kann. In diesem Kontext ist auch der Aufruf „Examine History, for it is ‚Philosophy teaching by Experience'"[119] zu verstehen. Sucht man weiter nach der Textstelle, die Jared Diamond zitiert hat, um seinen globalhistorischen Zugang klar vom Historismus abzugrenzen, wird man enttäuscht. Stattdessen findet sich eine Aussage, die durchaus dem historischen Diskurs des 21. Jahrhunderts entstammen könnte. „Social Life is the aggregate of

---

117 Thomas Carlyle: Thoughts on History. In: James A. Froude and John Tulloch (ed.): Fraser's Magazine II, 10. London 1830. S. 413-418.
118 Ebd.: S. 413.
119 Ebd.

all the individual men's Lifes who constitute society; History is the essence of innumerable Biographies."[120] Carlyle konstatiert zwar, dass die Geschichte in ihrer Komplexität sich der Interpretation durch den Historiker entziehe und aufgrund der Gleichzeitigkeit der universalen Ereignisse die lineare narrative Geschichtsschreibung denkbar ungeeignet sei, erwähnt aber in keiner Silbe das ihm zugeschriebene Geschichtstheorem von der „Historie der großen Männer". Bestenfalls kann man als schärfsten Gegensatz zu Diamonds Auffassung von Geschichte festhalten, dass Thomas Carlyle jegliche Spekulationen, die auf der Basis von Ursache und Wirkung hergeleitete Kausalketten präsentieren, kategorisch ablehnt.[121] Kann es sein, dass dieses oftmalig gebrauchte Paradigma von der Geschichte der großen Männer nichts weiter ist als eine Interpretation oder die Zusammenfassung mehrerer Gedanken Carlyles, die sich mittlerweile als Aphorismus verselbständigt und in unser kollektives Gedächtnis eingeprägt hat? Die Schriften des britischen Historikers füllen Bände und an dieser Stelle kann eine systematische Durchforstung keinesfalls geleistet werden. Eine mögliche Erklärung für das wie ein Dogma wirkende Bild der „Geschichte großer Männer", welches sich im modernen historischen Diskurs verfestigt hat und geradezu sprichwörtlich geworden ist, liefert ein anderer Text von Carlyle mit dem Titel *On Heroes, Hero-worship and the Heroic in History*[122]. Er thematisiert Helden einmal als göttliches Prinzip als Propheten am Beispiel Mohammeds oder als Poeten wie Dante oder Shakespeare. Wenn Luther oder der Schotte John Knox als Priester, Rousseau und Burns als Schriftsteller, Cromwell oder Napoleon als Herrscher im

---

120 Ebd.: S. 414.
121 Vgl.: Ebd.: S. 416–417.
122 Thomas Carlyle: On Heroes, Hero-worship and the Heroic in History. (first published in London 1841). Yale University Press, New Haven and London 2013.

Kontext des Heroischen abgehandelt werden, so haben alle genannten nach Carlyle eines gemein: Sie stellen allesamt treibende Kräfte des gesellschaftlichen Fortschritts dar, „vor allem repräsentieren sie [eine] – einer periodisch in ‚Aufstieg und Niedergang' verlaufenden Geschichte zugrundeliegende – unveränderliche Natur."[123] Sind es diese genannten „Helden" der Geschichte, über die Thomas Carlyle reflektierte, die zu den „großen Männern" in Jared Diamonds Zitat und im Diskurs der Historiker wurden? Bei genauerer Lektüre des Kapitels über Herrscher als Helden fällt der kritische Umgang mit der Geschichtsschreibung auf, und nach wenigen Seiten stellt der erstaunte Leser fest, dass nicht Cromwell und Napoleon die Helden sind, sondern die Strömungen, die zu deren Machtverlust führten und etwas Neues, einen gesellschaftlichen Fortschritt initiierten und in weiterer Folge die revolutionären Tendenzen zur Zeit Carlyles hervorbrachten.[124]

Das von Jared Diamond genutzte Carlyle-Zitat, das per se keines zu sein scheint, sondern vielmehr eine interpretative Zuschreibung, verdeutlicht aber das Problem der prekären Quellensituation, die der zitierte britische Historiker selbst immer wieder klar hervorhebt. Das Prinzip der informationsverändernden „stillen Post", welches er anhand der Überlieferungslage zum Gefängnisaufenthalt von Sir Walter Raleigh beschreibt[125], könnte nicht nur für die Entstehung des Carlyle zugeschriebenen Aphorismus verantwortlich sein, sondern

---

123 Christian von Zimmermann: Biographische Antropologie. Menschenbilder in lebensgeschichtlicher Darstellung (1830-1940). Berlin u. New York 2006. S. 140-141.
124 Vgl.: Thomas Carlyle: On Heroes, Hero-worship and the Heroic in History. Yale University Press, New Haven and London 2013. S. 162-173.
125 Vgl.: Thomas Carlyle: Thoughts on History. In: James A. Froude and John Tulloch (ed.): Fraser's Magazine II, 10. London 1830. S. 415.

stellt auch Historiker im 21. Jahrhundert immer wieder vor Probleme. Wie zuverlässig sind unsere Quellen?[126] An dieser Stelle kann nun die Klammer wieder geschlossen werden. Dieser Exkurs in zwei Texte von Thomas Carlyle soll vor Augen führen, dass nicht allein der Anspruch auf Wissenschaftlichkeit konstituierend für die moderne Geschichtsschreibung sein kann. Historische Forschungsgebiete im Bereich der Klimatologie, Linguistik, Evolutionsbiologie, Paläontologie, Geologie – um nur einige zu nennen – erweisen sich als essenziell, wenn man Fragen formuliert, die sich auf Kulturräume ohne lange Schrifttradition beziehen oder den Zeithorizont der ältesten Schriftkulturen verlassen. Der Aufruf zur interdisziplinären Zusammenarbeit findet sich zum Teil schon bei Thomas Carlyle und heute sind die oben genannten Fachbereiche selbstverständlich als historische Wissenschaften anerkannt.

Historiker wie Jared Diamond und Michael Mitterauer haben mit Carlyle die Akzentuierung der Bedeutung von unzähligen individuellen Biographien der namenlosen „großen Männer" gemeinsam, die für die wesentlichen gesellschaftlichen Innovationen verantwortlich zeichneten. Mögen sie auch oftmals von der Geschichtsschreibung nur schemenhaft hinter Päpsten, Kaisern, Königen und Fürsten wahrgenommen worden sein, so waren sie doch die Träger der Veränderungen, epochalen Einschnitte und Prozesse, welche wir heute unter „Geschichte" subsummieren. In Anlehnung an Carlyles *Thoughts on History* und *On Heroes* wirft sich zwangsläufig die Frage auf, wer denn nun der größere „Held" war, derjenige, der als Feldherr eisenstarrende Armeen in modernster Bewaffnung in die Schlacht führte und ein Weltreich errichtete, oder derjenige unbekannte Genius, der als erster Eisen verhüttete,

---

126 Vgl.: Lothar Kolmer: Geschichtstheorien. Fink, Paderborn 2008. Stumme Geschichte. S. 81-82.

dessen Name uns jedoch abhandengekommen ist? Ist es deshalb unseriös für Historiker, nach genau diesem Genius zu fragen, nur weil wir seine Biographie mit klassischer Methodik nicht nachzuzeichnen imstande sind?

Die Frage nach der Kausalität findet sich bereits im Proömium zu Herodots Historien. Diese anthropologische Schlüsselfrage zieht sich wie ein roter Faden durch die Geschichtsschreibung und hinterfragt viele Teilbereiche der menschlichen Existenz. Lange Zeit erhoben Religionen den Anspruch darauf, das Monopol auf Antworten zu besitzen, die sich einer einfachen und befriedigenden Erklärung hartnäckig entzogen. Auch die Frage nach den großen Unterschieden zwischen menschlichen Gesellschaften wurde religiös beantwortet. Die Bibel stellt uns auserwählte Völkerschaften vor, deren Identität religiös definiert, deren Geschichte bis zum Schöpfungsakt verzeichnet ist und durch Taten „großer Männer" oder streitbarer „Helden" sowie das korrigierende Eingreifen Gottes bestimmt wird. Hinter diesen biblischen Antworten verbirgt sich die einfach anmutende und doch schwierige Frage nach der Kausalität.

Die Geschichtsschreibung hat seit dem Historismus aus verschiedenen Perspektiven auf die Vergangenheit geblickt, um einzelne „Warum-Fragen" zu beantworten. Der Blick auf das Ganze, den Carlyle so vehement einforderte, ist ohne die Miteinbeziehung von Ursache und Wirkung denkbar schwierig, zumal er uns Schritt für Schritt tiefer in eine Vergangenheit führt, in der dem modernen Historiker die stetig prekärer werdende Quellenlage erhebliche Schwierigkeiten bereitet. Teilweise wurden diese brennenden, aber aus wissenschaftlicher Sicht unangenehmen Fragen, gänzlich vermieden, um sich den Details der Geschichte zu widmen, die viel sicherer beleg- und vertretbar erschienen.

4.3 Arm und Reich

„Wie kommt es, dass ihr Weißen so viel Cargo geschaffen und nach Neuguinea mitgebracht habt, wir Schwarzen aber so wenig eigene Cargo hatten?"[127] Mit dieser Frage seines Freundes Yali, eines indigenen Einwohners von Neuguinea konfrontiert und nach kurzem Nachdenken regelrecht konsterniert, machte sich Jared Diamond an die Untersuchung der möglichen Ursachen der Ungleichheit zwischen menschlichen Gesellschaften. Cargo – „Fracht" als Summe menschlicher Errungenschaften in technischer, kultureller und ökonomischer Hinsicht – als das Ergebnis unterschiedlicher Entwicklungen zu beschreiben, ist denkbar einfach. Zu hinterfragen, warum es zu diesen Unterschieden kam, erweist sich als erheblich komplexer. Nachdem Charles Darwin 1859 seine Theorien zur Entwicklung der Arten[128] veröffentlicht hatte, schien – abgesehen von wenigen Nachklängen – das religiös besetzte Geschichtsbild ausgedient zu haben. Man ging dazu über, die Ursachen für die unterschiedliche Entwicklung menschlicher Gesellschaften in den „Rassen" zu suchen, später versuchte die Genetik ähnliches zu bewerkstelligen. Jared Diamond erteilt in *Guns, Germs and Steel* diesen ethnozentrischen Erklärungsmustern eine deutliche Absage. Seine Antworten, Ergebnisse 25-jähriger Forschung, erscheinen aufgrund ihrer Einfachheit plausibel. Nicht zuletzt waren es diese so logisch und naheliegend erscheinenden Kausalketten und Erklärungsmuster, die zahlreiche Historiker zu Kritik an Diamonds Ansichten veranlassten. Viele dieser wissenschaftlichen Dünkel und Kritikpunkte nimmt der amerikanische Autor im Epilog

---

127 Jared Diamond: Arm und Reich. Die Schicksale menschlicher Gesellschaften. Frankfurt a. M. [7]2011. S. 17.
128 Charles Darwin: On the Origin of Species by Means of natural Selection or the Preservation of favoured Races in the Struggle for Life. London 1859.

seines Buches bereits vorweg, allen voran den Vorwurf des geographischen Determinismus.[129] Er stellt fest, dass es in jeder Gesellschaft erfinderische Geister gab, die Umweltbedingungen jedoch sehr unterschiedlich den Fortschritt in Kultur und Technik beeinflussten.

Oftmals wird Jared Diamond angelastet, dass er seine Thesen und Erkenntnisse populärwissenschaftlich publiziert. Auch in diesem Fall hat er eine einfache und plausible Antwort parat. „Ich schreibe die Zusammenhänge genau so, wie ich sie mir selber erkläre. Außerdem finde ich meine Themen zu wichtig, um sie in akademischen Zeitschriften zu begraben. Eine Veröffentlichung in einem Fachjournal bewirkt gar nichts gegen rassistische Ideen."[130] Seine Kritik am wissenschaftlichen Diskurs richtet sich damit auch gegen eine Geschichtsschreibung aus Selbstzweck, die Einzelbeispiele genauestens erforscht, um sie im wahrsten Sinne des Wortes in ihren für bildungsfernere Schichten unzugänglichen und unverständlichen Sammelbänden zu „begraben". In einer Geisteswissenschaft, wie sie die Geschichtswissenschaft darstellt, scheint man es gewöhnt zu sein, Einzelfälle zu betrachten, die Naturwissenschaften tendieren dagegen dazu, nach allgemeinen Mustern und Regelmäßigkeiten zu suchen. Diamond meint dazu:

„Viele Historiker sind so verliebt in ihren speziellen Fall, dass sie den größeren Zusammenhang missachten. So wird Geschichte zu einer Erzählung, die nichts weiter besagt. Nehmen Sie den Amerikanischen Bürgerkrieg von 1861 bis 1865. Da werden dicke Wälzer über den ersten Tag der Schlacht von Gettysburg geschrieben. Solche Details sind sicher wichtig. Aber wenn Sie diesen Konflikt verstehen wollen, müssen Sie ihn mit anderen Bürgerkriegen vergleichen – mit dem

---

129 Vgl.: Jared Diamond: Arm und Reich. Die Schicksale menschlicher Gesellschaften. Frankfurt a. M. ⁷2011. S. 505.
130 https://www.zeit.de/2010/04/Klein-Diamond-04 (29.05.2022).

finnischen Bürgerkrieg von 1918, mit dem irischen Bürgerkrieg, mit den Kriegen zwischen Habsburg und Preußen. Dann können Sie herausfinden, was an unserem Bürgerkrieg besonders war und was typisch."[131] Mittlerweile hat diese globale Perspektive in viele Bereiche der Wissenschaft Einzug gehalten. Methodisch stellt der Vergleich ein zentrales Element dar, um allgemeine Verlaufsmuster herauszuarbeiten. Der praktische Nutzen der historischen Forschung für die Lösung von aktuellen Problemen moderner Gesellschaften ist nicht von der Hand zu weisen. Wenn die Menschheit aus ihrer eigenen Vergangenheit, dem schon von Carlyle in den Diskurs eingeführten Zyklus von Aufstieg und Niedergang, Erkenntnisse ableiten kann, um durch ihre Handlungen in der Gegenwart auf die Zukunft Einfluss zu nehmen, so hat Diamond seine Mission erfüllt.

„Die Armut, die etwa Island die längste Zeit plagte, lag zu einem Gutteil an der Zerstörung der Böden und an Überweidung. Neuerdings lässt Islands Regierung alle Dokumente über den Schafbestand im Mittelalter auswerten. Daraus kann man Daten darüber gewinnen, wie viel und welche Landwirtschaft diese empfindliche Insel verträgt."[132]

Selbstverständlich bedarf es bei oben zitiertem Beispiel nicht nur des klassischen Historikers, sondern der Zusammenarbeit mit Klimatologen, Geologen und Botanikern, um das historische isländische Problem zu ergründen und Wege aufzuzeigen, wie eine Wiederholung der Katastrophe vermieden werden kann.

Wie beantwortet Jared Diamond nun die Frage nach den Unterschieden menschlicher Gesellschaften? Nach einer mit zahlreichen Fallbeispielen gespickten Reise durch die Entwicklungen

---

131 Ebd.
132 Ebd.

aller Kontinente seit der letzten Eiszeit fasst er seine zentralen Thesen in vier Hauptursachengruppen zusammen.

Die Erdteile verfügten über eine unterschiedliche Grundausstattung von domestizierbaren Pflanzen- und Tierarten als Grundlage für die Landwirtschaft, die wiederum das impulsgebende Moment für größere Populationen und die Ausdifferenzierung der menschlichen Gesellschaften darstellte. Ackerbau und Viehzucht ebneten den Weg von der Jäger-und-Sammler-Gruppe zum Häuptlingsreich und komplexeren Formen gesellschaftlicher Organisation.[133]

Die Kontinentalachsen stellten bedeutende, sowohl positive als auch negative Voraussetzungen für die Verbreitung von Ackerbau und Viehzucht sowie die Diffusion von technischen Innovationen dar. Eurasien war mit seiner Ost-West-Achse bevorzugt, da Tiere und Nutzpflanzen auf ähnlichem Breitengrad und damit unter vergleichbaren klimatischen Bedingungen verbreitet werden konnten. Für die Weitergabe technischen Errungenschaften erwies sich Eurasien aus demselben Grund wesentlich freier von natürlichen Barrieren als der amerikanische Doppelkontinent oder Afrika, die durch ihre Nord-Süd-Ausrichtung zahlreiche naturräumliche Hindernisse aufwiesen.

Interkontinentale Verbreitung von Pflanzen, Tieren und Innovationen lassen sich nur im Falle Subsahara-Afrikas belegen. Viele Nutztierarten sind dort eurasischen Ursprungs. Ein nachhaltiger präkolumbischer Austausch mit Amerika und Australien fand jedoch nicht statt.

Den Abschluss bilden die Unterschiede in Fläche und Bevölkerungsgröße der Kontinente. Eine größere Anzahl von Bewohnern in miteinander konkurrierenden Gesellschaften brachten mehr Innovationen hervor. Nach Diamonds Auffassung

---

[133] Vgl.: Jared Diamond: Arm und Reich. Die Schicksale menschlicher Gesellschaften. Frankfurt a. M. [7]2011. S. 502.

stehen diese vier Gruppen von Faktoren für die unübersehbaren Umweltdifferenzen zwischen den Erdteilen, die objektiv quantifizierbar und unumstritten sind."[134] Diamond begann seine Suche nach den Ursachen der Unterschiede zwischen „Arm und Reich" als Evolutionsbiologe, beschaffte sich Informationen aus den verschiedensten Fachgebieten der Wissenschaft und brachte es in Teilbereichen zum Experten für die Frage nach der Kausalität. Wiederholt rief er zu interdisziplinärer Zusammenarbeit auf, damit „die Geschichte menschlicher Gesellschaften auf ebenso naturwissenschaftliche Weise erforscht werden kann wie die der Dinosaurier – mit Gewinn für unsere heutige Gesellschaft, indem wir daraus lernen, wie die moderne Welt geformt wurde und was unsere Zukunft bestimmen könnte."[135]

4.4 Warum Europa?

Michael Mitterauer stellt in seinem Buch *Warum Europa?* auf den ersten Blick die gleichen Fragen wie Jared Diamond. Nach der Lektüre von *Arm und Reich* ist man durchaus in der Lage, eine Kausalkette vorzulegen, welche die europäische Dominanz der vergangenen 500 Jahre erklären könnte. Mitterauer fragt jedoch nicht nach den Ursachen der Ereignisse, die nach der letzten Kälteperiode, beginnend mit der Domestikation von Pflanzen und Tieren im Vorderen Orient, ihre langen Schatten auf die Gegenwart warfen, sondern befasst sich mit den mittelalterlichen Grundlagen des europäischen Sonderwegs. Als Familienforscher wagt sich der österreichische Historiker dennoch über sein eigenes Fachgebiet hinaus auf unbekanntes Terrain, wenn er eine Sammlung von sieben wesentlichen

---

134 Vgl.: Ebd.: S. 502-505.
135 Ebd.: S. 528.

Markern der europäischen Entwicklung vorlegt, die kausale Zusammenhänge durch den Vergleich mit dem byzantinischen Raum, den islamischen Gebieten und China vor Augen führt. Der Vergleich als methodische Parallele zum Zugang Diamonds tritt deutlich zutage. *Arm und Reich* formuliert sozusagen die Grundlagen der Grundlagen, die Mitterauer nicht populärwissenschaftlich, sondern nach den „Regeln der Kunst" wissenschaftlicher Textproduktion vorlegt. Bemerkenswert ist dabei die Tatsache, dass er auf den dem deutschen akademischen Sprachgebrauch so eigentümlichen Hang zur elaborierten Formulierung verzichtet, damit einer breiteren Öffentlichkeit den Zugang ermöglicht und den Publikationen Jared Diamonds in diesem Punkt um nichts nachsteht.

„Die Geschichtswissenschaft hat sich im Verlauf ihrer Geschichte nur allzu oft von politischen Gegenwartsinteressen in Dienst nehmen lassen. Und die Gefahr, dass an die Stelle alter ethnozentrischer Geschichtsbilder neue eurozentrische treten, ist sicher nicht gegeben. Die hier gestellte Frage nach dem Sonderweg der Entwicklung Europas zielt nicht auf die Schaffung eines Bewusstseins der Besonderheit, sondern auf die Erklärung von spezifischen Prozessen, die in der Vergangenheit und Gegenwart zu Unterschieden gegenüber anderen Kulturen geführt haben."[136]

Durch die äußere Form entledigt sich Mitterauer der wissenschaftlichen Brandmarkung, obwohl er sich in Bezug auf Methodik und grundsätzlicher Fragestellung nicht weit von Jared Diamond positioniert. Seine Ausführungen sind trotz aller Wissenschaftlichkeit plausibel und leicht nachvollziehbar und zeugen von eingehender Auseinandersetzung mit den einzelnen Abschnitten, die sich dem Prinzip von Ursache und Wirkung folgend zu einem Gesamtbild formieren. Dies stellt

---

[136] Michael Mitterauer: Warum Europa? Mittelalterliche Grundlagen eines Sonderwegs. München ⁵2009. S. 8.

gleichsam die von Diamond geforderte, weiterführende Einzelbetrachtung eines Geschichtsraumes unter der Prämisse der Frage nach der Kausalität dar. Er spannt den Bogen von der frühmittelalterlichen Agrarreform bis zur Predigt und dem Buchdruck als Frühformen der Massenkommunikation. Hatte die „Vergetreidung" und der Übergang von Brei- zu Brotnahrung den Startschuss zu einer neuerlichen Innovationswelle auf technischem und sozialem Gebiet gegeben, so machte diese Kombination nach der Übernahme des Steigbügels von den Awaren den Weg für die Panzerreiterei und die damit verbundenen militärischen Neuerungen frei. Den grundherrschaftlichen Wurzeln der europäischen Sozialformen und dem Feudalismus mit Lehenswesen und Ständeverfassung werden die gattenzentrierte Familie als Motor einer im interkulturellen Vergleich unerreichten gesellschaftlichen Flexibilität zur Seite gestellt. Die Papstkirche und universale Ordensgemeinschaften mit ihrer komplexen und äußerst effizienten Organisation, von zahlreichen Staaten in Verwaltung und Herrschaft integriert, liefern die Grundlagen für Kreuzzüge und Protokolonialismus als Wurzeln des europäischen Expansionsdrangs. Der globalhistorische Zugang, den Mitterauer und Diamond wählen, die Frage nach dem „Warum" gesellschaftlicher Unterschiede verbindet beide Wissenschaftler trotz vieler formaler Unterschiedlichkeiten in ihren Texten. In diesem Zusammenhang stellt Mitterauer fest, dass nicht nur die im öffentlichen Diskurs positiv besetzten Besonderheiten Europas wie kulturelle Leistungen und demokratische Errungenschaften zum Thema der Sonderwegdebatte gemacht werden dürften. Der rücksichtslose Umgang mit der Natur, die Wurzeln des Kolonialismus und die moderne Massenkommunikation seien ebenfalls bei der Auseinandersetzung mit genuin europäischen Phänomenen miteinzubeziehen.[137]

---

137 Vgl.: Ebd.: S. 296.

„Eine Interpretation im größeren Kontext der ‚Verkettung von Umständen' im europäischen Sonderweg bietet aber wohl noch mehr, nämlich neue Erkenntnisse über den kausalen Zusammenhang bestimmter europäischer Kulturphänomene in Vergangenheit und Gegenwart."[138]

Beim Blick auf den Anmerkungsapparat und das Literaturverzeichnis in Michael Mitterauers Werk findet man Jared Diamonds *Guns, Germs and Steel* in prominenter Gesellschaft. In vielerlei Hinsicht kommt man an Diamond nicht vorbei.

An dieser Stelle zu resümieren, fällt relativ leicht. Die Geschichtswissenschaften durchliefen seit ihren Anfängen oftmalige Paradigmenwechsel. Neue Perspektiven und Ansätze gehen mit einer immer stärker werdenden Differenzierung innerhalb der Fachbereiche einher. Globalgeschichte bedeutet aber keinen zwingenden Gegensatz zu diesen Tendenzen, wenn interdisziplinäre Vernetzung die Fragen nach den ganzheitlichen, größeren Zusammenhängen ermöglicht und damit die Teilbereiche der Geschichtswissenschaft in Verbindung mit historischen Naturwissenschaften die Frage nach der Kausalität stellen und vielfach auch beantworten können. Historiker wie Herodot und Thomas Carlyle haben neben vielen anderen die Fundamente für etwas gelegt, das Jared Diamond und Michael Mitterauer in ihren epochalen Texten thematisieren. Sie liefern – jeder auf seine Weise – Antworten und Anregungen auf eine entscheidende Frage: *warum?*

Faust nahm den Blick der Diva auf, der zu signalisieren schien, dass sie nun fertig sei, und begann zu applaudieren. Alle Anwesenden beklatschten nicht nur den leicht verständlichen Vortrag der Diva, die Inhalte und Erläuterungen, sondern wohl auch ihre persönliche Leistung, vor einer Gruppe anderer, bedingt vertrauter Individuen, ihre Gedanken und Rechercheergebnisse

---

138 Ebd.

in Worte zu kleiden. „Nun, dies ist meine persönliche Sicht auf die Geschichte", ergänzte die Diva, „speziell die Frage der Kausalität wird von Geschichtstheoretikern kontrovers diskutiert." Die Enkelin wollte wissen, was denn an der Erklärung der Welt auf der Grundlage von plausiblen Kausalketten verwerflich sei. „Du hast ausgeführt, der geschichtstheoretische Zugang des Historismus fuße einerseits auf dem Bekenntnis zur historischen Entwicklung, andererseits auf der Hervorhebung der Variationsbreite historischer Ereignisse und der Einzigartigkeit geschichtlicher Prozesse. Schließlich sei der Aspekt des Verstehens zentral, um auf diesen Grundlagen Kausalketten vorzulegen." – „Ja, das habe ich gesagt", meinte die Diva.

„In der Wissenschaft ist es üblich, dass neue Generationen von Forscherinnen und Forschern die Thesen ihrer Vorgänger hinterfragen und gerne durch eigene, adaptierte oder ganz neue ersetzen wollen." So sei der Historismus am Ende des 19. und am Beginn des 20. Jahrhunderts aus der Sicht einiger zeitgenössischer Denker in eine Krise geraten und hinterfragt worden. „Neben dem Philosophen Friedrich Nietzsche ist wohl der Soziologe Max Weber einer der bedeutendsten Kritiker", führte die Diva weiter aus. Für Weber sei die Geschichtswissenschaft eine *Wirklichkeitswissenschaft*.

„Einer für die voraussetzungslose Empirie amorphen, unübersichtlichen Vielfalt von Wirklichkeitsbeziehungen, von ,Kausalverhältnissen', einer ,schlechthin unendlichen Mannigfaltigkeit von nach- und nebeneinander auftauchenden und vergehenden Vorgängen' will Weber mit Hilfe inhaltlich erfüllter Begriffe eine logisch vollendete Ordnung aufprägen."[139]

Diese historische Begriffsbildung sollte laut Weber aus der Erfahrung heraus erwachsen, so entstünden wertfreie Erkenntnisse.

---

139 Gerhard Schulz: Geschichtliche Theorie und politisches Denken bei Max Weber. In: Vierteljahreshefte für Zeitgeschichte, 12/4 1964. S. 325-350. S. 337.

Der Historiker dürfe aber seine eigenen Werte, sofern sie relevant sind, miteinbringen und sei sogar explizit dazu aufgefordert, gesellschaftliche Werte zum Untersuchungsgegenstand zu machen. Das Ziel der Forschung seien dann aber doch wieder Erklärungen kausaler Art für geschichtliche Abläufe.[140] „Wie stand Nitzsche zum Historismus?", wollte die Suchmaschine wissen. „Max Weber waren als Wissenschaftler die Zugänge der Geschichte nicht wissenschaftlich genug, für Friedrich Nietzsche laborierte die Historie an ihrer Wissenschaftlichkeit", versetzte die Diva. „Die arme Geschichtsschreibung, der vielgescholtene Historismus konnte es wohl niemand recht machen", schmunzelte Faust. „Das Bekritteln von zu viel Wissenschaftlichkeit und zu wenig Wissenschaftlichkeit erweckt zumindest diesen Anschein", fuhr die Diva fort. „Lasst uns hören, was der streitbare Nietzsche in dieser Causa zu sagen hat."

„‚Uebrigens ist mir Alles verhasst, was mich bloss belehrt, ohne meine Thätigkeit zu vermehren, oder unmittelbar zu beleben.' Dies sind Worte Goethes, mit denen, als mit einem herzhaft ausgedrückten Ceterum censeo unsere Betrachtung über den Werth und den Unwerth der Historie beginnen mag. In derselben soll nämlich dargestellt werden, warum Belehrung ohne Belebung, warum Wissen, bei dem die Thätigkeit erschlafft, warum Historie als kostbarer Erkenntniss-Ueberfluss und Luxus uns ernstlich, nach Goethes Wort, verhasst sein muss – deshalb, weil es uns noch am Nothwendigsten fehlt, und weil das Ueberflüssige der Feind des Nothwendigen ist. Gewiss, wir brauchen Historie, aber wir brauchen sie anders, als sie der verwöhnte Müssiggänger im Garten des Wissens braucht, mag derselbe auch vornehm auf unsere derben und anmuthlosen Bedürfnisse und Nöthe herabsehen. Das heisst,

---

140 Vgl.: Markus Völkel: Geschichtsschreibung. Eine Einführung in globaler Perspektive. Köln, Weimar u. Wien 2006. S. 308.

wir brauchen sie zum Leben und zur That, nicht zur bequemen Abkehr vom Leben und von der That oder gar zur Beschönigung des selbstsüchtigen Lebens und der feigen und schlechten That. Nur soweit die Historie dem Leben dient, wollen wir ihr dienen."[141]

„Nietzsche kritisiert weiter, dass die Historie strenge Objektivität einfordere und deshalb den Historiker, das Individuum mit seinen subjektiven Zugängen und Wertvorstellungen, vom Forschungsgegenstand, gleichsam vom Objekt der Forschung trenne. Somit werde das moderne historische Wissen vom Handeln und vom Willen des Wissenden isoliert", führte sie weiter aus.[142] „Hier bei den Werten scheint es aber einen Berührungspunkt zwischen Nietzsche und Weber zu geben", stellte die Suchmaschine fest. „Das stimmt, und das ist nicht der einzige", konstatierte die Diva. „Der Wissenschaftler Weber und der ‚Antiwissenschaftler' Nietzsche durchtrennen von zwei unterschiedlichen Seiten aus den bis zu jenem Zeitpunkt rational und verstehend gedeuteten Zusammenhang der Geschichte und plädieren für unterschiedliche, nicht hierarchisch gegliederte, sondern gleichberechtigte Forschungsbereiche und Methodenvielfalt."[143] Die Diva hielt kurz inne, ordnete ihre Unterlagen auf dem Rednerpult und sah auf das halbvolle Wasserglas, das sie schon lange nicht mehr gebraucht hatte. Sie hatte sich in einen regelrechten Redefluss gesteigert, die anfängliche Nervosität war bereits lange verschwunden. Sie lächelte. „Bei all den Neuerungen in Bezug auf geschichtstheoretische Zugänge, bei allen Emanzipationsversuchen der

---

141 Friedrich Nietzsche: Unzeitgemäße Betrachtungen. Edition Holzinger. Berliner Ausgabe [4]2016. S. 209. (Erstausgabe: Friedrich Nietzsche: Unzeitgemässe Betrachtungen. Zweites Stück: Vom Nutzen und Nachteil der Historie für das Leben. Leipzig, 1874.)
142 Vgl.: Markus Völkel: Geschichtsschreibung. Eine Einführung in globaler Perspektive. Köln, Weimar u. Wien 2006. S. 307.
143 Vgl.: Ebd.: S. 309.

jungen Garde der Geschichtswissenschaft von ihren Lehrern und Vorbildern, bei all der neuen Methodik wie *Oral History* und den technischen Errungenschaften des ausgehenden 20. und beginnenden 21. Jahrhunderts hat die Frage nach der Kausalität doch überdauert. Die Beispiele Diamonds und Mitterauers zeigen, dass die anthropologische Konstante, die Frage nach dem *Warum*, noch nicht ausgedient hat."

5 Politik in Literatur- und Kulturbetrieb

Die Suchmaschine begann seine Ausführungen in seiner typischen Art – mit einer Begriffsdefinition aus dem Netz. „Politik bezeichnet die Strukturen (Polity), Prozesse (Politics) und Inhalte (Policy) zur Regelung der Angelegenheiten eines Gemeinwesens – etwa eines Staates oder einer Verwaltungseinheit – durch verbindliche und auf Macht beruhende Entscheidungen."[144] Die Anwesenden quittierten diesen Einstieg mit einem wohlwollenden und aufmunternden Lächeln. Die Suchmaschine schaute auf. „Dies war eine von vielen Definitionen. Laut Max Weber, den uns die Diva bereits kurz vorgestellt hat, sei Politik das ‚Streben nach Machtanteil oder nach Beeinflussung der Machtverteilung, sei es zwischen Staaten, sei es innerhalb eines Staates zwischen den Menschengruppen, die er umschließt.'[1-5] Es ließen sich noch zahlreiche Definitionen anführen, die letztlich aus unterschiedlicher Perspektive den Interessensausgleich zwischen gesellschaftlichen Gruppen beschreiben. Nun frage ich euch, was ist aus dem Bereich der politischen Bildung während der Schulzeit im Gedächtnis geblieben?" In dieser peinlichen Stille war die Wortmeldung der Enkelin eine Wohltat. „Populismus. Dieser Begriff ist haften geblieben. Emotionalisierte und von Meinungsumfragen getriebene Verweigerung von Sachpolitik, die versucht, durch das Bedienen von Ängsten und starken Gefühlen politisches Kleingeld zu machen und Wahlerfolge zu generieren." – „Ich glaube, mich zu erinnern, dass im österreichischen Parlament 183 Abgeordnete für vier Jahre ein Mandat haben", ergänzte

---

144 https://de.wikipedia.org/wiki/Politik (14.11.2022).
145 Max Weber: Politik als Beruf. Duncker & Humblot, München 1926. S. 8.

die Diva. Faust meinte, er könne noch Staatsform, Staatsoberhaupt und den Begriff Föderalismus beisteuern. In Summe sei offensichtlich nicht sonderlich viel geblieben, sofern jemals so etwas wie politische Bildung im Unterricht wirklich thematisiert worden sei. „Aufgrund der Tatsache, dass es sich beim Thema Politik bei der Jugend um ein schlecht bestelltes Feld handelt, möchte ich zwei Zugänge versuchen. Einerseits werde ich die enge Verbindung zwischen Politik und Literatur an einem Beispiel zeigen, anderseits die politischen Begehrlichkeiten und Wechselwirkungen im Kulturbetrieb besprechen. Auch hier sollen programmatische Schriften zu einem bekannten Kulturereignis exemplarisch verhandelt werden."

5.1 Politik und Geschichte vereinnahmen einen Autor

Literaturproduktion abseits von der lebensweltlichen Erfahrung von Autorinnen und Autoren scheint undenkbar. Die Geschichte im Allgemeinen und die Zeitgeschichte im Speziellen gehören wie die politische Sozialisation und Tagespolitik zum Ideen- und Motivfundus der schreibenden Zunft. Dieser Umstand macht den Literaturgenuss auch für das individuelle politische Verständnis sehr ertragreich.

Der deutsche Autor Uwe Johnson vertrat ebenfalls die Auffassung, dass es kaum möglich sei, abseits der Zeitgeschichte zu leben.[146] Seine Romane handeln vor dem Hintergrund der markantesten Einschnitte der europäischen Geschichte vom Zweiten Weltkrieg bis 1968 und verhandeln die Ausgesetztheit seiner Protagonisten vor diesen welthistorischen Ereignissen.

---

146 Vgl.: A. Leslie Willson: „Ein verkannter Humorist". Gespräch mit Uwe Johnson (am 20.04.1982 in Seerness-on-Sea). In: E. Fahlke (Hg.): „Ich überlege mir die Geschichte…" Suhrkamp, Frankfurt a. M. 1988. S. 281-299. S. 281.

In seinem opus magnum *Jahrestage* wird vor dem historischen Kontext des Krieges, des Kriegsendes und der deutschen Teilung erzählt und der Bogen bis zu den Ereignissen gespannt, die zur Niederschlagung des Prager Frühlings führen sollten, die der Autor in die Erzählungen der weiblichen Hauptfigur Gesine Cresspahl eingewoben hat. Der Kirchenkampf 1953 wird in *Ingrid Babendererde*, der Aufstand des 17. Juni im *Dritten Buch über Achim*, der Ungarnaufstand 1956 und die Suezkrise in *Mutmaßungen über Jakob* thematisiert. Die geschichtliche Kulisse für *Zwei Ansichten* liefert der Berliner Mauerbau 1961.[147]

Als der am 20.07.1934 in Kammin, dem heutigen Kamien Pomorski, geborene Autor 1959 mit seinen *Mutmaßungen über Jakob* an die literarische Öffentlichkeit trat, galt es im Westen nicht nur die literarische Avantgarde zu beklatschen, sondern „auch in der Literaturkritik einen Beitrag im Kalten Krieg zu leisten."[148] Dementsprechend wurde der junge „literarische Ostzonen-Flüchtling"[149] rasch als „Dichter der beiden Deutschland"[150] etikettiert. Uwe Johnson verwehrte sich zeitlebens vergeblich gegen diese Vereinnahmung und Instrumentalisierung

---

147 Uwe Johnson: Mutmassungen über Jakob. Suhrkamp, Frankfurt 1959. Ders.: Das dritte Buch über Achim. Suhrkamp, Frankfurt a. M. 1961. Ders.: Zwei Ansichten. Suhrkamp, Frankfurt a. M. 1965. Ders.: Jahrestage. Aus dem Leben von Gesine Cresspahl. 4 Bände, Suhrkamp, Frankfurt a. M. 1970, 1971, 1973, 1983. Ders.: Ingrid Babendererde. Reifeprüfung 1953. Suhrkamp, Frankfurt a. M. 1985.
148 Greg Bond: „Die Toten halten zuverlässig das Maul": Uwe Johnson im wiedervereinigten Deutschland. In: Internationales Uwe-Johnson-Forum Bd. 3/1993 (1994). S. 181-187. S. 182.
149 Wolf J. Siedler: Roman der deutschen Teilung. Zu Uwe Johnsons Mutmaßungen über Jakob [1959]. In: N. Riedel (Hg.): Uwe Johnsons Frühwerk im Spiegel der deutschsprachigen Literaturkritik. Bonn 1987. S. 63-66. S. 63.
150 Günter Blöcker wählte als Titel für seine Rezension der Mutmaßungen „Roman der beiden Deutschland". Vgl. dazu: Günter Blöcker: Roman der beiden Deutschland [1959]. In: Raimund Fellinger (Hg.): Über Uwe Johnson. Frankfurt a. M. 1992. S. 47-50.

seiner Person und seiner Texte in den Konflikten des bipolaren Weltsystems, die sich vor allem im geteilten Deutschland in vielerlei Gestalt manifestierten. Von Reinhard Baumgart auf dieses Etikett eines „Dichters der beiden Deutschland" angesprochen, antwortete Johnson lapidar: „Damit können Sie mich jagen."[151] Nach der Bemerkung Baumgarts, diese Bezeichnung sei doch eine patente Formel eines renommierten Literaturkritikers, die auch vom Verlag zu Werbezwecken verwendet worden sei, konterte der Autor mit gewohnter Schlagfertigkeit. „Ja, das macht einen Schriftsteller zu einem Markenartikel, nicht? Dies ist sein Monopolfeld, und darüber hat er zu schreiben. Nun halte ich aber die deutsche Teilung nicht für einen ganz isolierten Aspekt unserer zeitgenössischen Wirklichkeit, sondern für einen von vielen, und ich nehme an, daß in meinen Büchern sehr viele Frühstücke beschrieben worden sind, die ganz ohne den Aspekt der Teilung zustande kamen und genossen wurden."[152] Sogar den 1985 posthum veröffentlichten Erstlingsroman *Ingrid Babendererde* stellte Verleger Siegfried Unseld in seinem Nachwort gleichsam unter das

---

151 Reinhard Baumgart: Uwe Johnson im Gespräch (am 02.08.1967 in München). In: E. Fahlke (Hg.): „Ich überlege mir die Geschichte …". Suhrkamp, Frankfurt a. M. 1988. S. 219-230. S. 223.
152 Ebd.: S. 223. Das Frühstücksbild scheint zweifellos eine Antwort auf die Polemik von Peter Hacks zu sein, der am 28.11.1959 in einem Vortrag an der Ost-Berliner Akademie der Wissenschaften zum Thema „Literatur im Zeitalter der Wissenschaft" Folgendes in Richtung Johnson verkündete: „Also, Herr Johnson weiß nichts über das primäre menschliche Interessensgebiet, die Gesellschaft. […] Er glaubt sich in einer Welt des Scheins, die er – hierin konsequenter und zugleich verwahrloster als Kant – nicht mehr für geordnet hält und nicht mehr beschreibbar. […] Frühstückt er auch morgens als Materialist, so schreibt er wenigstens nachts als radikaler Subjektivist." Ingeborg Kretzschmar (Hg.): Literatur im Zeitalter der Wissenschaft. Öffentliche Diskussion des Deutschen PEN-Zentrums Ost und West, geführt in der Deutschen Akademie der Wissenschaften zu Berlin. Berlin 1960. S. 71.

zentrale Thema des Bruchs, „der sich quer durch Deutschland und noch einmal quer durch jenes Land zieht, in dem im Jahr 1953 die Schüler einer Abiturklasse sich mit dem ‚veränderten Lehrstoff' herumschlagen."[153] Damit wurde auch für Johnsons ersten Roman einer historisierenden Rezeptionshaltung und der Titulierung des Autors als „Dichter beider Deutschland" das Wort geredet, obwohl *Ingrid Babendererde* in der DDR verfasst, dort mehreren Verlagen angeboten wurde und inhaltlich fast ausschließlich auf diese ausgerichtet zu sein scheint.[154] Dennoch bleiben Uwe Johnsons Texte eng mit den Unwägbarkeiten des Kalten Krieges und vor allem mit den Auswirkungen und Folgen derselben auf und für die Romanfiguren verbunden. Die Erstrezeption seiner Werke war von diesen zeitgeschichtlichen Bezügen ebenso geprägt, wie der Zusammenbruch der Sowjetunion mit dem darauffolgenden Ende des Kalten Krieges für die posthume Rezeption seines Werkes bedeutsam werden sollte. So schienen sich die Rezeptionsmuster der 1960er Jahre nach 1989/1991 in zeitlich adäquater Variation zu wiederholen. Abermals wurde Johnson politisch instrumentalisiert, waren doch seine Romane, die nicht nur, aber eben auch das geteilte Deutschland behandeln, gleichsam über Nacht inhaltlich historisch geworden und hatten in der langsam einsetzenden Aufarbeitung der deutsch-deutschen Geschichte und in den sich abzeichnenden Schwierigkeiten des Zusammenfindens des über 40 Jahre lang geteilten Landes neue Brisanz und Aktualität gewonnen.

---

153 Uwe Johnson: Ingrid Babendererde. Reifeprüfung 1953. Suhrkamp, Frankfurt a. M. 1985. Nachwort von Siegfried Unseld: Die Prüfung der Reife im Jahre 1953. S. 262.
154 Vgl.: Katja Leuchtenberger: „Wer erzählt, muß an alles denken." Erzählstrukturen und Strategien der Leserlenkung in den frühen Romanen Uwe Johnsons. In: Eberhard Fahlke, Ulrich Fries, Holger Helbig u. Norbert Mecklenburg (Hg.): Johnson-Studien 6. V&R, Göttingen 2003. S. 12-13 u. Anmerkung 13.

Mit Mauerfall und Wiedervereinigung waren Johnsons Texte erstmals für die Menschen der ehemaligen DDR verfügbar, also für „jene Leser zugänglich, für die sie (vielleicht?) im eigentlichen Sinne geschrieben waren, weil sie sich auf ihr gelebtes Leben beziehen."[155] Im selben Atemzug wurden die Bürger der alten Bundesrepublik in die Lage versetzt, die vom Autor so detailreich beschriebenen Landschaften Mecklenburgs wirklich zu erleben und so scheint es nicht verwunderlich, dass nach politscher Vereinnahmung, gezielter und wirkungsvoller Werbung, zahlreichen Veranstaltungen und Würdigungen aus dem „Dichter beider Deutschland" posthum ein Dichter des wiedervereinigten Landes gemacht wurde, den man Anfang der 1990er Jahre nicht nur im literaturwissenschaftlichen Diskurs wiederentdeckte, sondern auch dessen populäre Rezeption einen kurzen Boom erlebte. „Damals startete eine Johnson-Ausstellung [...]. Der Hessische Rundfunk ließ Johnson wochenlang [...] mit alten Dokfilmen feiern. [...] Die Leipziger Buchmesse 1992 stellte Johnson mit Festreden, Lesungen und einem Theaterstück in den Mittelpunkt. [...] Höhepunkt des Trubels war vielleicht der ‚Sonderzug nach Güstrow', den die deutsche Reichsbahn und der Suhrkampverlag [...] vom Westberliner Bahnhof Zoo fahren ließen. Da reisten Verleger und Journalisten, mit Erich Honeckers privatem Abteilwagen im Schlepptau, zu Ehren des Reichsbahn-Liebhabers Johnson zum Güstrower Ernst-Barlach-Theater, wo eine Art Staatsfeier abgehalten wurde."[156] Bemerkenswerterweise fanden Mitte der 1990er Jahre Uwe Johnsons Texte in zwei Schulbuchverlagen erstmalig Eingang, damit Autor und Werk – davor ignoriert und

---

155 Carsten Gansel: Uwe Johnsons Frühwerk, der IV. Schriftstellerkongress 1956 und die Tradition des deutschen Schulromans um 1900. In: Internationales Uwe-Johnson-Forum 1992 (1993). S. 75-129. S. 77.
156 Greg Bond: „Die Toten halten zuverlässig das Maul": Uwe Johnson im wiedervereinigten Deutschland. In: Internationales Uwe-Johnson-Forum Bd.3/1993 (1994). S. 181.

danach nur sporadisch vorhanden – für den Deutschunterricht der Oberstufe berücksichtigt würden.[157] Ihren Zenit erreichte die posthume Rezeptionswelle im Jahr 2000 durch Margarethe von Trottas Adaption der *Jahrestage* für das Fernsehen.[158] Diese Verfilmung machte den Autor Uwe Johnson zwar einem breiteren Publikum bekannt, fand jedoch in literaturwissenschaftlichen Kreisen kaum positive Resonanz und wurde als „Biblia pauperum des Medienmittelalters"[159], welche dem Schriftsteller und seinem Werk mehr schade als nütze, nahezu geschlossen abgelehnt.[160] Einer der wenigen Literaturwissenschaftler, der seine Bewertung der Verfilmung moderat formulierte, war Norbert Mecklenburg. Seiner Auffassung nach könne das „literarische Werk selbst [...] durch noch so viele, noch so schlechte Verfilmungen zum Glück überhaupt nicht beschädigt werden."[161]

---

157 Vgl.: Barbara Scheuermann: „Und wir hatten bei ihm das Deutsche lesen gelernt." Uwe Johnson im Deutschunterricht der gymnasialen Oberstufe. In: Ulrich Fries, Holger Helbig u. Irmgard Müller (Hg.): Johnson-Jahrbuch. Bd.7. V&R, Göttingen 2000. S. 123-162. S. 124.
158 „Jahrestage. Aus dem Leben der Gesine Cresspahl." Regie: Margarethe von Trotta, Fernsehfilm in vier Teilen, Erstausstrahlung in der ARD am 14., 16., 21. u. 22.11.2000, jeweils 21.00 bis 22.30 Uhr.
159 Norbert Mecklenburg: Jahrestage als Biblia pauperum. Uwe Johnsons Filmästhetik und der Fernsehfilm Margarethe von Trottas. In: Ulrich Fries, Holger Helbig u. Irmgard Müller (Hg.): Johnson-Jahrbuch. Bd.8. V&R, Göttingen 2001. S. 187-200. S. 199.
160 Vgl.: Katja Leuchtenberger: „Wer erzählt, muß an alles denken." Erzählstrukturen und Strategien der Leserlenkung in den frühen Romanen Uwe Johnsons. In: Eberhard Fahlke, Ulrich Fries, Holger Helbig u. Norbert Mecklenburg (Hg.): Johnson-Studien 6. V&R, Göttingen 2003. S. 14-15. Kritisiert wurden vor allem die Bücher zum Film, speziell die einbändige Ausgabe der Jahrestage, in der erhebliche Eingriffe in die Textstruktur vorgenommen wurden – ein Faktum, das auch zu einem anderen Schluss führte.
161 Norbert Mecklenburg: Jahrestage als Biblia pauperum. Uwe Johnsons Filmästhetik und der Fernsehfilm Margarethe von Trottas. In: Ulrich Fries, Holger Helbig u. Irmgard Müller (Hg.): Johnson-Jahrbuch. Bd.8. V&R, Göttingen 2001. S. 189.

Wesentlich schärfer fiel dagegen die Kritik Helmut Böttigers aus, der meinte, „diese Verfilmung nützt der Literatur nicht nur nicht, sie schadet ihr sogar ausdrücklich."[162]

Die Suchmaschine ermöglichte an dieser Stelle erste Zwischenfragen und Bemerkungen. Die Diva fragte, wie jemand gleichzeitig „Dichter der beiden Deutschland" und Dichter des wiedervereinigten Deutschlands sein konnte. „Nicht gleichzeitig, sondern nacheinander. Zu Zeiten der beiden deutschen Staaten, der Bundesrepublik Deutschland und der Deutschen Demokratischen Republik, war die Welt in eine westliche und eine östliche Hemisphäre geteilt, die sich im sogenannten Kalten Krieg gegenüberstanden. Diese Grenze der Einflusssphären zog sich eben durch die beiden deutschen Staaten. Johnson stammte aus der DDR, emigrierte vor dem Bau der Berliner Mauer in die BRD, und wurde deshalb im Westen politisch instrumentalisiert. Nach dem Ende der DDR 1989 und der Auflösung der Sowjetunion 1991 hat man den Autor aus politischem Kalkül zum Dichter des wiedervereinigten Landes gemacht." – „Und die Literaturwissenschaft und das Verlagswesen hat das Ihre dazu beigetragen", ergänzte Faust.

5.2 *Ein Staat vereinnahmt die Literatur*

Nach dem Zweiten Weltkrieg war der Literaturbetrieb in der SBZ, der Sowjetischen Besatzungszone, und ab 1949 in der DDR ausschließlich Sache der arrivierten Autoren, jener „Alten", die in den Jahren 1933-1945 entweder im Exil oder untergetaucht in der Illegalität gelebt hatten oder inhaftiert worden

---

[162] Helmut Böttiger: Uns Uwe. Zum Desaster der Fernseh-Jahrestage. In: Text und Kritik. Uwe Johnson. Heft 65/66, Neufassung 2001. S. 170-172. S. 172.

waren. Die junge Generation von Autoren spielte anders als in den Westzonen beziehungsweise der BRD kaum eine Rolle. Unter den Schriftstellern der Ostzonen herrschte weitgehender Konsens über die moralisch-politische Aufgabe der Literatur, welche Anna Seghers in ihrer Funktion als Präsidentin des Schriftstellerverbandes der DDR so formulierte: „Durch die Mittel ihres Berufes mussten sie [die Schriftsteller] helfen, ihr Volk zum Begreifen seiner selbstverschuldeten Lage zu bringen und in ihm die Kraft zu einem anderen, einem neuen friedvollen Leben zu erwecken."[163] Anfang der 1950er Jahre versuchte die SED, die Sozialistische Einheitspartei Deutschlands, eine parteilinientreue funktionale Repräsentationskunst durch Überwachungs- und Zensurinstanzen zu forcieren. Bertolt Brecht kommentierte die staatliche Kulturpolitik: „Die Kunst ist nicht dazu befähigt, die Kunstvorstellungen von Büros in Kunstwerke umzusetzen. Nur Stiefel kann man nach Maß anfertigen."[164] Gegen alle Kritik setzte die Staatsführung in der Literatur den „Sozialistischen Realismus" als verbindliche Norm durch, für den Andrej Shdanow bereits in einer Rede 1934 die Darstellung „der Wirklichkeit in ihrer revolutionären Entwicklung", mit der Maßgabe, „die werktätigen Menschen im Geiste des Sozialismus ideologisch umzuformen und zu erziehen", gefordert hatte.[165]

---

163 Anna Seghers, Präsidentin des Schriftstellerverbandes der DDR 1952-1978. Zitiert nach Bengt Algot Sørensen (Hg.): Geschichte der deutschen Literatur 2. Vom 19. Jahrhundert bis zur Gegenwart. Verlag C.H. Beck, Nördlingen ³2010. S. 300.
164 Bertolt Brecht: Was haben wir zu tun? In: Ders.: Gesammelte Werke. 20 Bde., hrsg. von Elisabeth Hauptmann. Bd. 19: Schriften zur Literatur u. Kunst 2. Suhrkamp, Frankfurt a.M. 1967. S. 545-546. S. 545. Der Artikel entstand 1953, blieb aber unveröffentlicht.
165 Andrej Shdanow: Die Sowjetliteratur, die ideenreichste und fortschrittlichste Literatur in der Welt [1934]. In: Hans J. Schmitt u. Goddehard Schramm (Hg.): Sozialistische Realismuskonzeptionen. Dokumente zum I. Allunionskongreß der Sowjetschriftsteller. Frankfurt a.M. 1974. S. 43-50. S. 47.

Daneben sollte das „Klassische Kulturerbe" das positive Vorbild bilden, wobei sich Partei und Staat das Monopol auf Definition und Deutungshoheit dieses Erbes vorbehielt. Vor diesem politischen und literarischen Hintergrund war der junge Uwe Johnson Student der Germanistik und „weiterer Folgen des Krieges"[166] an der Universität Rostock, wo im April 1953 auch die von der SED als „Kirchenkampf" lancierte Auseinandersetzung zwischen der „Freien Deutschen Jugend" (FDJ) und der protestantischen „Jungen Gemeinde", den sogenannten „Kugelkreuzlern", stattfand. Dieser staatlich verordnete Konflikt, in dem Johnson als FDJ-Mitglied seine Parteinahme und Mitwirkung verweigerte und später deswegen gezwungen war, an die Universität Leipzig zu wechseln[167], sollte die Erzählbasis von *Ingrid Babendererde/Reifeprüfung 1953* bilden. Im Zeitraum von 1953 bis 1957 entstanden vier Fassungen[168] von Johnsons Erstlingsroman, welche er mehreren ostdeutschen Verlagen wie dem Aufbau-Verlag in Ost-Berlin, dem Carl Hinstorff Verlag in Rostock, dem List Verlag in Leipzig und dem Mitteldeutschen Verlag in Halle erfolglos anbot. Nach anfänglichem Interesse entschied Peter Suhrkamp ebenfalls,

---

166 Uwe Johnson: Ingrid Babendererde. Reifeprüfung 1953. Suhrkamp, Frankfurt a.M. 1985. Nachwort von Siegfried Unseld: Die Prüfung der Reife im Jahre 1953. S. 251.
167 Johnson hatte als Redner auf einer FDJ-Versammlung der Philosophischen Fakultät am 05.05.1953 gemeint, die Junge Gemeinde sei „weder eine illegale noch überhaupt eine Organisation." Und weiter: „[...] die Hetze und Schikanen gegen eine Religionsgemeinschaft konstituiere einen mehrfachen Bruch der Verfassung der Deutschen Demokratischen Republik, ausgeführt durch die Regierung der Deutschen Demokratischen Republik." (Uwe Johnson: Begleitumstände. Frankfurter Vorlesungen [1979]. Suhrkamp, Frankfurt a.M. 2003, S. 65.)
168 Die Gesamtübersicht aller Fassungen bietet Katja Leuchtenberger: „Wer erzählt, muß an alles denken." Erzählstrukturen und Strategien der Leserlenkung in den frühen Romanen Uwe Johnsons. In: Eberhard Fahlke, Ulrich Fries, Holger Helbig u. Norbert Mecklenburg (Hg.): Johnson-Studien 6. V&R, Göttingen 2003. Abbildung 5. S. 62-63.

aus dem Typoskript kein Buch zu machen. Angenommen wurde dagegen sein zweiter Roman *Mutmaßungen über Jakob*, zu dessen Veröffentlichung 1959 der Autor nach West-Berlin übersiedelte und die 1. Bitterfelder Kulturkonferenz im April 1959, die eine sozialistische Kulturrevolution einzuleiten suchte, die „Kumpel zur Feder" rief und die Schriftsteller „an die Basis" beorderte, bereits als literarischer Ostzonen-Flüchtling erlebte. Nach dem Lautwerden der Kritik, der Sozialistische Realismus beurteile das literarische Werk nur nach seinem Inhalt, folgte der kulturpolitische Paradigmenwechsel der SED auf der 2. Bitterfelder Konferenz 1964. Walter Ulbricht stellte eine Analogie zwischen dem NÖSPL (Neues Ökonomisches System der Planung und Leitung) und dem Literaturbetrieb her. Die Literatur von „unten" sollte durch die Partei als „Geburtshelferin" zu Literatur von „oben" umgestaltet werden. Die „leitenden Organe [müssen] den Künstlern ständig helfen, den Marxismus-Leninismus auf ihre künstlerischen Pläne, auf ihr künstlerisches Schaffen anzuwenden."[169]

„Gab es derartige Einflussnahmen auf den Literaturbetrieb auch außerhalb des sogenannten Ostblocks?", wollte die Diva wissen. „Nun, die Geschichte ist voll von Verboten und Zensur", erwiderte die Suchmaschine. „Über Jahrhunderte hinweg setzte die Kirche Texte auf eine schwarze Liste, den *Index librorum prohibitorum*. Diese Werke waren laut päpstlichem Dekret für Gläubige verboten. Während der Restaurationszeit nach der Ära Napoleons wurde in Österreich und darüber hinaus eine strenge Zensur für alle Schriftsätze, somit auch für literarische Texte verhängt und kontrolliert. Ähnliches galt in Kriegszeiten. Literarische Skandale, oder besser gesagt, die

---

[169] Vgl.: Bengt Algot Sørensen (Hg.): Geschichte der deutschen Literatur 2. Vom 19. Jahrhundert bis zur Gegenwart. Verlag C.H. Beck, Nördlingen ³2010. S. 301-302.

Skandalisierung von Literatur war auch in Österreich immer wieder tagespolitisch relevant. Arthur Schnitzlers *Reigen* sorgte nach der ersten vom Autor autorisierten Aufführung 1920 für einen der größten Theaterskandale des 20. Jahrhunderts. Nach dem ‚Reigen-Prozess' setzte Schnitzler einer neuerlichen Aufführung des Stücks ein Verbot entgegen, das bis 1982 in Kraft blieb. Auch Thomas Bernhard hielt der österreichischen Gesellschaft mehrfach den sprichwörtlichen Spiegel vor, sorgte für heftiges Rauschen im Blätterwald der Presse und handfeste politische Kontroversen. Seine Theaterstücke, oftmals von Claus Peymann inszeniert, sorgten bei den Salzburger Festspielen wie auch an den Wiener Bühnen regelmäßig für Skandalisierungen. Sein letztes Stück *Heldenplatz* führte 1988 zu einem regelrechten Aufschrei der sich nach wie vor im Opfer-Mythos aalenden österreichischen Seele. Literatur wurde also wiederholt politisch instrumentalisiert, wenngleich der Zugriff auf die Literatur von Seiten der Politik in einer funktionsfähigen Demokratie nicht so einfach möglich ist wie in autoritären Systemen." Faust blickte nachdenklich auf die Reihen der Bücherregale der großmütterlichen Bibliothek. „Es ist so eine Sache mit der Freiheit", meinte er, „Ich habe im satirischen Abschnitt meines Beitrags zu unseren Schnuppertagen ein Gedicht Goethes aus dem West-östlichen Divan und einen Auszug aus Schillers theoretischer Schrift *Ueber Anmuth und Würde* zitiert. In beiden Texten spielte der Freiheitsbegriff eine wesentliche Rolle. Hast du nicht an der Stelle gemeint, du wolltest zu Schiller noch etwas ergänzen?" – „Ja, das wollte ich", entgegnete die Suchmaschine und legte sich seine Unterlagen zurecht. „Scheinbar bedarf es in einem Gemeinwesen einer gewissen Balance zwischen individueller Freiheit und staatlicher Ordnungsmacht. Schiller lieferte hierzu folgenden Vergleich."

„Wenn ein monarchischer Staat auf eine solche Art verwaltet wird, daß, obgleich alles nach eines Einzigen Willen geht, der einzelne Bürger sich doch überreden kann, daß er nach seinem eigenen Sinne lebe, und bloß seiner Neigung gehorche, so nennt man dieß eine liberale Regierung. Man würde aber großes Bedenken tragen, ihr diesen Nahmen zu geben, wenn entweder der Regent seinen Willen gegen die Neigung des Bürgers, oder der Bürger seine Neigung gegen den Willen des Regenten behauptete; denn in dem ersten Fall wäre die Regierung nicht liberal, in dem zweyten wäre sie gar nicht Regierung."[170]

„Besonders beeindruckt bin ich aber von der Aussage gewesen, ‚Freyheit kann man einem zwar lassen, aber nicht geben.'[171] In dem bereits erwähnten Roman *Ingrid Babendererde* hat der junge Autor – bei der ersten Fassung war er in unserem Alter – ganz offenkundig den Aufsatz von Schiller als gedankliche Grundlage in vielerlei Beziehung genutzt. So vollzieht sich die Suche nach der eigenen Identität der jungen Abiturientinnen und Abiturienten zwischen zwei Polen, die Schiller in seiner bilderreichen Sprache mit der Monarchie und der Ochlokratie, der Alleinherrschaft und der Herrschaft der Masse erklärte. Wieder spielt dabei das Gleichgewicht, die Balance zwischen zwei Extremen eine entscheidende Rolle."

„Das erste dieser Verhältnisse zwischen beiden Naturen im Menschen erinnert an eine Monarchie, wo die strenge Aufsicht des Herrschers jede freye Regung im Zaum hält; das zweyte an eine wilde Ochlokratie, wo der Bürger durch Aufkündigung des Gehorsams gegen den rechtmäßigen Oberherrn so wenig frey, als die menschliche Bildung, durch Unterdrückung der moralischen Selbstthätigkeit, schön wird; vielmehr nur dem brutaleren Despotismus der untersten Klassen, wie hier die Form der Masse, anheimfällt. So wie die Freyheit

---

170 Friedrich Schiller: Ueber Anmuth und Würde. In: Ders. (Hg.): Neue Thalia. Dritter Band, welcher das erste bis dritte Stück enthält. Georg Joachim Göschen, Leipzig 1793. S. 115-228. S. 170.
171 Ebd.: S. 171.

zwischen dem gesetzlichen Druck und der Anarchie mitten inne liegt, so werden wir jetzt auch die Schönheit zwischen der Würde als dem Ausdruck des herrschenden Geistes, und der Wollust, als dem Ausdruck des herrschenden Triebes, in der Mitte finden."[172]

„Die Protagonisten in Johnsons Roman sind auf der Suche nach ihrer Identität, nach einem festen Ort, der Bestimmung und Halt gibt. Paradoxerweise scheint diese Selbstdefinition im entstehenden Überwachungsstaat nur noch über das Medium der Bewegung möglich. Die Fortbewegung ist der einzige verbliebene Ort, an dem sie meinen, sie selbst sein zu können, der ihnen ermöglicht, sich ein Bild von sich selbst zu machen. Hier wähnen sie sich im Einklang mit der Umgebung, das Gefühl der Entfremdung verschwindet. Das Unbehagen über den wortbrüchigen Staat, der einerseits Verfassungskunde zum Pflichtgegenstand macht, andererseits dieses Grundgesetz, an das die Schüler zu glauben durchaus geneigt sind, auszuhebeln sucht, wird zum Motor dieser Bewegung. Manifestiert sich die besondere Form der Bewegung anfangs noch im Segeln auf einem nahegelegenen See, so wird diese im Verlauf der Identitätsfindung zur Emigration in ein nicht nur dem Namen nach demokratisches Land." Die Enkelin war schon von den ersten Ausführungen der Suchmaschine angetan gewesen, nun war sie schwer beeindruckt. „Unfassbar, ein junger Mann in unserem Alter reflektiert die politische Vereinnahmung im Bildungswesen seiner Heimat, der Deutschen Demokratischen Republik, und hat den Mut, sein Roman-Manuskript an einige Verlage in einem offensichtlich autoritären System zu schicken." – „Nun, der Autor liefert auch dafür eine treffende Begrifflichkeit", sagte die Suchmaschine. „Er nennt dies, bezogen auf eine mutige Rede der weiblichen Hauptfigur vor dem Schulparlament, in dem sie Schillers Staatsmetapher

---

[172] Ebd.: S. 176-177.

paraphrasiert, um zu Toleranz aufzurufen, ‚Mannesmut vor Königsthronen'." Die Diva warf ein, dass die Bezeichnung des Staates als Deutsche Demokratische Republik wohl ein Etikettenschwindel gewesen sei. Dies treffe auf zahlreiche Staaten zu und die Demokratie gerate weltweit immer öfter in Bedrängnis, ergänzte Faust mit nachdenklicher Miene. Die Suchmaschine nahm an dieser Stelle den Faden wieder auf. Individuelle Freiheit sei seit der Aufklärung auch zentrales Motiv in den bürgerlichen Bemühungen um Verfassungen gewesen. In demokratischen Grundgesetzen spiele diese Freiheit eine gewichtige Rolle. „Hans Kelsen, einer der bedeutendsten Rechtsgelehrten des 20. Jahrhunderts und Architekt der österreichischen Verfassung, hat bereits 1919 eine vielbeachtete Rede gehalten."

„Die Idee der Demokratie vereinigt in sich zwei oberste Postulate der praktischen Vernunft: die Forderung nach der Freiheit und die nach der Gleichheit. Beide sind durchaus negativ. Die Freiheit verlangt, daß wir nicht beherrscht werden; die Gleichheit kann nur gewahrt werden, wenn wir uns innerhalb gewisser Grenzen beherrschen lassen. Aber nur von uns selbst! [...] Der Freiheitsgedanke, der sich seinem Wesen nach gegen die Gesellschaft stellt, wird unbewußt zum Ausdrucke für eine bestimmte Stellung des einzelnen in der Gesellschaft. Rousseau hat das Postulat der Freiheit auf das schärfste entwickelt – ihm ist der Bürger nur in dem Augenblicke frei, wo er seinen Abgeordneten wählt oder an einer Volksabstimmung teilnimmt. Und da wird er noch von der Mehrheit erdrückt – dem ist aber nicht abzuhelfen. [...]"[173]

---

173 Hans Kelsen: Wesen und Wert der Demokratie. In: Ders.: Werke, Band 4. Veröffentlichte Schriften 1918–1920. Hrsg. von Matthias Jestaedt in Kooperation mit dem Hans Kelsen-Institut. Mohr Siebeck, Tübingen 2013. S. 199-208. S. 199-200.

Staatliche Weiterentwicklung sei nur durch Mehrheitsbeschlüsse möglich, erklärte die Suchmaschine weiter, und somit sei auch derjenige, der mit der Mehrheit gestimmt hat, unfrei, weil er seinen Willen nicht mehr ändern könne. Dieser Staatsbürger sei umso unfreier, je größer die Mehrheit sein müsse, die für eine Abänderung der gefassten Beschlüsse nötig sei.[174] „Man denke an Verfassungsgesetze, die eine Zweidrittelmehrheit im Parlament erfordern", setzte er hinzu. „Ist nicht das Schulunterrichtsgesetz so eine Rechtsnorm, bei der Änderungen aufgrund des Verfassungsstatus des Schulrechts so eine Mehrheit erfordern?", wollte die Diva wissen. „Ich denke schon", gab die Suchmaschine zurück, „im Kern ist das Schulrecht wohl in der Verfassung grundgelegt, wenngleich die Regierungen vielfach mit einfachen Gesetzen und die Bildungsministerien in den letzten Jahren gerne mit Verordnungen agiert haben." Er improvisierte auf seine unnachahmliche Art mit gekonntem Tippen und Wischen und fuhr fort. „Im Artikel 14, Paragraph 5a der österreichischen Verfassung ist Folgendes zu lesen."

„Demokratie, Humanität, Solidarität, Friede und Gerechtigkeit sowie Offenheit und Toleranz gegenüber den Menschen sind Grundwerte der Schule, auf deren Grundlage sie der gesamten Bevölkerung, unabhängig von Herkunft, sozialer Lage und finanziellem Hintergrund, unter steter Sicherung und Weiterentwicklung bestmöglicher Qualität ein höchstmögliches Bildungsniveau sichert. Im partnerschaftlichen Zusammenwirken von Schülern, Eltern und Lehrern ist Kindern und Jugendlichen die bestmögliche geistige, seelische und körperliche Entwicklung zu ermöglichen, damit sie zu gesunden, selbstbewussten, glücklichen, leistungsorientierten, pflichttreuen, musischen und kreativen Menschen werden, die befähigt sind, an den sozialen, religiösen und moralischen Werten

---

174 Vgl.: Ebd.: S. 200.

orientiert Verantwortung für sich selbst, Mitmenschen, Umwelt und nachfolgende Generationen zu übernehmen. Jeder Jugendliche soll seiner Entwicklung und seinem Bildungsweg entsprechend zu selbständigem Urteil und sozialem Verständnis geführt werden, dem politischen, religiösen und weltanschaulichen Denken anderer aufgeschlossen sein sowie befähigt werden, am Kultur- und Wirtschaftsleben Österreichs, Europas und der Welt teilzunehmen und in Freiheits- und Friedensliebe an den gemeinsamen Aufgaben der Menschheit mitzuwirken."[175]

„Wir sollten also in den vergangenen zwölf Jahren zu gesunden, selbstbewussten, glücklichen, leistungsorientierten, pflichttreuen, musischen und kreativen Menschen gemacht werden", stellte die Diva nicht ohne Bitternis im Tonfall fest. „Wunsch und Wirklichkeit, Dichtung und Wahrheit, Schein und Sein. Und dies alles in nur drei Sätzen. In drei Sätzen", sagte Faust halblaut vor sich hin. „Na ja, Herrschaften, die Grundlagen wurden gelegt!", sprach die Enkelin mit ihrem typischen Strahlen, um die allgemeine Stimmung wieder etwas aufzuheitern, und erklärte, es gebe keine perfekten Menschen, wohl aber perfekte Absichten. „Die erlebte Realität deckt sich nicht immer mit der Darstellung derselben in Gesetzestexten", merkte die Suchmaschine an und fügte hinzu, er wolle, sofern kein weiterer akuter Erklärungsbedarf erforderlich sei, mit dem zweiten Teil seiner Ausführungen fortfahren.

---

175 Bundes-Verfassungsgesetz in der Fassung vom 06.06.2022.

5.3 Salzburger Festspiele – Mission, Philosophie oder Ideologie?

Walter Benjamin, V. These für den Schriftsteller: „Laß dir keinen Gedanken inkognito passieren und führe dein Notizheft so streng wie die Behörde das Fremdenregister."[176] – Einfach ausgedrückt: Zitiere sauber und recherchiere genau!

Auf der Homepage der Salzburger Festspiele ist unter der Rubrik „Mission" und der Überschrift *Epizentrum des Besonderen* zu lesen, die Idee der Festspiele sei es, „künstlerisch maßstäbliche Aufführungen in den Sparten Oper, Schauspiel und Konzert anzubieten, die über einen komprimierten Zeitraum von fünf bis sechs Sommerwochen veranstaltet werden in einer Stadt, deren unversehrt erhaltene barocke Architektur selbst bereits die schönste Kulisse bildet."[177] Nach dem Bemühen einiger Superlative, den langjährigen Erfolg und die durch die Präsenz von Künstlern mit Weltruf unangefochtene Stellung als das „größte und bedeutendste Festival der Welt" betreffend, wird der Gründervater Hugo von Hofmannsthal als Schöpfer der Philosophie der Festspiele beschworen. Alle Beteiligten stünden, so der Text der offiziellen Webseite weiter, im Dienst dieser Festspielphilosophie, auf deren Grundlage es gelte, nicht „Rampentheater, wie es die Repertoireroutine" zeitige, sondern „dramatisches Schauspiel im stärksten Sinne"[178] zu bieten. Bedenkt man den Umstand, dass dieses Zitat

---

176 Walter Benjamin: Ankleben verboten. Die Technik des Schriftstellers in dreizehn Thesen. In: Ders.: Schriften. Bd.1, hrsg. von Theodor W. Adorno, Gretel Adorno u. Friedrich Podszus. Frankfurt a.M. 1955. S. 536-538. (Erstveröffentlichung in: Walter Benjamin: Einbahnstraße. Ernst Rowohlt Verlag, Berlin 1928.).
177 https://www.salzburgerfestspiele.at/ueber-uns#mission (06.06.2022)
178 Hugo von Hofmannsthal: Die Salzburger Festspiele. In: Gesammelte Werke in zehn Einzelbänden. Reden und Aufsätze II (GW RA II). Fischer, Frankfurt a.M. 1979. S. 258-263. S. 258. Erstdruck anonym als Faltprospekt im Verlag der Salzburger Festspielhaus-Gemeinde, Wien 1919.

aus seinem ursprünglichen Zusammenhang – der Überwindung der strikten Trennung von Oper und Schauspiel – gerissen und somit seines Gehaltes beraubt wurde, stellt sich die Frage, was die Verfasser dieses Beitrags unter „dramatischem Schauspiel im stärksten Sinne" verstehen. Anlässlich der Feierlichkeiten zum 100-jährigen Bestehen der Festspiele wurde nicht nur eine vielbeachtete Landesausstellung eingerichtet, sondern auch eine „vielstimmige Erzählung"[179] über die Festspiele unter dem Titel *Großes Welttheater – 100 Jahre Salzburger Festspiele*[180] publiziert. In diesem Sammelband wird die Vielstimmigkeit zwar durch zahlreiche Gastbeiträge von Wissenschaftlerinnen und Wissenschaftlern getragen, eingeleitet wird jedoch von politischen Akteuren in Person des Landeshauptmannes und eines seiner Stellvertreter.

Bereits zehn Jahre zuvor meinte die Präsidentin der Festspiele, Dr. Helga Rabl-Stadler, in ihrer Rede anlässlich der Eröffnung der Ausstellung „Das große Welttheater – 90 Jahre Salzburger Festspiele" am 17.06.2010, Hofmannsthal habe seine dichterischen Möglichkeiten genutzt, um Österreich ein neues Selbstbewusstsein zu geben. Sie interpretierte Hofmannsthals programmatische Schriften, indem sie sagte, des Dichters *Intention* sei es gewesen, Österreich mit den Festspielen zu „einem Leuchtturm der gesamtdeutschen Kultur" zu machen, und dem Stolz auf „Jahrhunderte lang geleistete mitteleuropäische Vermittlungsarbeit" seinen gebührenden Rahmen zu geben. Hofmannsthal sei von der österreichischen Berufung zur kulturellen Synthese überzeugt gewesen.[181] Betrachtet man die Äußerungen auf der Webseite der Festspiele

---

179 https://www.residenzverlag.com/buch/grosses-welttheater (06. 06. 2022)
180 Martin Hochleitner u. Margarethe Lasinger (Hg.): Großes Welttheater – 100 Jahre Salzburger Festspiele. Residenz Verlag, Salzburg 2020.
181 Vgl.: Helga Rabl-Stadler: Eröffnungsrede „Das große Welttheater – 90 Jahre Salzburger Festspiele" vom 17.06.2010. http://www.salzburger-festspiele.at/institution/archiv/newsarchiv/j/2013 (01.01.2017).

in der Kategorie „Mission" sowie die Aussagen der ehemaligen Festspielpräsidentin, so könnte man durchaus von einer „Festspielideologie" und nicht von „Programmatik und Philosophie" oder von einer „Mission" sprechen, wie diese Rubrik seit einer Überarbeitung der Webseite der Festspiele nun heißt, einer Ideologie, die sich die Aussagen des berühmten Dichters dienstbar macht, um eigene Ansichten und die opinio communis zu Fragen gesellschaftlicher Wirklichkeit in ihrer westeuropäischen Ausprägung zu legitimieren.

„Die Ideologie ist ein Soziolekt, dem ein besonderes Vokabular sowie besondere semantische Gegensätze und narrative Strukturen eigen sind, mit deren Hilfe beliebig viele Diskurse generiert werden können. Die Mitglieder einer ideologischen Gemeinschaft verständigen sich im Rahmen dieser Diskurse und reagieren zugleich auf andere ‚fremde', ‚befreundete' oder ‚feindliche' Ideologien, die in einer bestimmten kulturellen und sprachlichen Situation auftreten. Sie tun dies in einem rhetorischen Kontext, in dem es u. a. darum geht, die eigene Ideologie durch Euphemismen, Vergleiche oder Superlativen aufzuwerten, feindliche Ideologien hingegen durch Anspielungen, Übertreibungen oder Wortspiele abzuwerten."[182]

Es geht also um ideologische Grundierungen im Kontext sprachlicher Äußerungen, die je nach Wissensstand und persönlicher, ideologischer Disposition des Rezipienten unterschiedlich wahrgenommen werden. Das folgende Beispiel soll diesen Gedanken veranschaulichen.

„Stellen Sie sich vor, ein Flugzeug fliegt von Moskau nach New York. Eva Mau konnte sich das nicht vorstellen."[183] Für den Mathematiker ist die Vermutung naheliegend, dass nun

---

182 Gert Ueding (Hg.): Historisches Wörterbuch der Rhetorik. Tübingen 1998, Bd. 4: Hu–K, Sp. 155/156.
183 Uwe Johnson: Ingrid Babendererde. Reifeprüfung 1953. Suhrkamp, Frankfurt a. M. 1985. S. 212.

ein Zeit-Weg-Diagramm folgen werde und einer Person namens Eva Mau das dafür nötige rechnerische Handwerkszeug oder die Imaginationskraft fehle. Der Flugzeugingenieur zückt bereits den Stift, um je nach Flugzeugtyp den entsprechenden Kerosinbedarf und etwaige Zwischenlandungen zwecks Betankung zu berechnen, möglicherweise mit einem mitleidigen Kopfschütteln für die Kollegin Eva Mau, die damit offenbar Probleme hat. Die zahllosen weiteren Beispiele einer von der subjektiven Erfahrungswelt geprägten Interpretation müssen hier aus Platzgründen ausgespart bleiben. Nun wissen wir aber, dass Eva Mau eine Romanfigur in Uwe Johnsons *Ingrid Babenderere/Reifeprüfung 1953* ist, und trotzdem oder gerade deswegen sind die Deutungsmöglichkeiten und Konnotationen unüberschaubar. Der historisch interessierte Literaturwissenschaftler wird sofort nach dem Kontext fragen, nach potenziellen Verbindungen zur sozialen und politischen Geschichte sowie nach der Entstehungszeit des Textes und nach Zeit und Ort der fiktiven Handlung, der Semiotiker wird die sprachlichen Zeichen einer detaillierten Prüfung unterziehen et cetera. Und hier kommt neben den subjektiv wahrgenommenen „Bedeutungen" einer sprachlichen Äußerung der zweite zentrale Aspekt literaturwissenschaftlicher Betätigung ins Spiel: Welche Intention verfolgen wir mit der Textlektüre und einer schriftlich ausgeführten oder mündlich vorgetragenen Darstellung unserer „Lesart" des Textes? Wenn es gilt, eine literaturwissenschaftliche Theorie auf ihre Anwendbarkeit auf einen Text zu prüfen, scheint es notwendig, sich der gebräuchlichen Terminologie dieses Erklärungsmodells zu bedienen, um im theoretischen Diskurs verstanden zu werden. Wir nutzen aber nicht nur diese speziellen Fachausdrücke, sondern laufen dabei Gefahr, auch die oftmals darin tradierten Stereotype zu übernehmen und verstellen damit den Blick auf die mögliche Multiperspektivität eines Textes.

Es ist also für Texte konstituierend, dass sie bereits durch ihre Verfasstheit die Einnahme verschiedener Perspektiven zulassen, die alle durch die Konnotationen und Intentionen des Lesenden ihre Legitimation erhalten. Eingedenk dieses Umstandes kann die folgende Annäherung an Hofmannsthals Schriften zu den Salzburger Festspielen nur die im Sinne Walter Benjamins „mit Notizen" versehende Abbildung der Konnotationen und Intentionen des Vortragenden sein, die sich im Bewusstsein des Konstruktionscharakters jeglicher geisteswissenschaftlichen Betätigung vollzieht.

5.4 Deutschnationale Konzepte

Die Suchmaschine hielt kurz inne, um sich seines Publikums zu vergewissern. Die Enkelin rieb sich genüsslich die Hände, Faust staunte über die sich scheinbar permanent steigernde Eloquenz der Suchmaschine, die vor wenigen Wochen am Strand der Ferieninsel noch recht einsilbig gewesen war, und die Diva schnappte etwas nach Luft. „Große Kulturfestivals haben schon allein wegen ihrer Finanzierung und Inszenierung im öffentlichen Raum einen politischen Aspekt", führte der Redner weiter aus, es gelte nun, die oft und gerne zitierten Festspielschriften Hugo von Hofmannsthals näher zu prüfen und in ihrem Entstehungskontext zu betrachten. „Einige Aussage, die du im Rahmen der Festspiel-Jubiläen und der ‚Mission' von der Webseite der Salzburger Festspiele referiert hast, haben schon einen gewissen ideologisierten Beigeschmack, vor allem wenn man sie im Licht der Begriffsdefinition betrachtet", stellte die Enkelin fest. „Deshalb braucht es an dieser Stelle einen Exkurs, um einige Begriffe und Konzepte im Zusammenhang mit Ideologien besser zu verstehen", erklärte die Suchmaschine und setzte seine Ausführungen fort.

Das Wort „Volk", führt sofort reflexartig zu der nationalsozialistischen Umdeutung des Herderschen Volksbegriffs, sobald es adjektivisch in der Form „völkisch" gebraucht wird.¹⁸⁴ Wie der Volksbegriff spielte die Kategorie *Nation* innerhalb der Konzepte des Nationalismus eine zentrale Rolle und war „Fluchtpunkt und Sinnhorizont"¹⁸⁵ der deutschnationalen Weltdeutung. Der Bedeutungswandel, ausgehend vom lateinischen *natio*-Begriff, der ganz allgemein die Herkunft, den Heimatort, aber auch den sprachlichen Herkunftsbereich der Menschen beschrieb, über die Bezeichnung einzelner Städte und Stände im Mittelalter bis zum heutigen Nationsverständnis, welches davon ausgeht, die Nation bilde den „Rahmen [...], innerhalb dessen sich Menschen neben kultureller Eigenständigkeit vor allem Selbständigkeit (Souveränität) unter Verweis auf eine als gemeinsam angenommene Geschichte, Tradition, Kultur, Sprache zumessen"¹⁸⁶, zeigt sehr deutlich, wie problematisch eine eindeutige Klärung des Begriffes ist. Heute ist der Nationsbegriff eminent politisch-ideologisch besetzt. Am Beginn des 20. Jahrhunderts sah eine Definition des Nationsbegriffs so aus:

„Wir verstehen unter einer Nation eine Gesamtheit von Menschen gemeinsamer *Abstammung*, die eine und dieselbe

---

184 Vgl.: Birgit Nübel: Zum Verhältnis von ‚Kultur' und ‚Nation' bei Rousseau und Herder. In: Regine Otto (Hg.): Nationen und Kulturen. Zum 250. Geburtstag Johann Gottfried Herders. Königshausen und Neumann, Würzburg 1996. S. 97-111. S. 100-101. „Gegenüber Totalitarismus-Verdacht (im Falle Rousseaus) und der Unterstellung eines rassischen Volksbegriffs (bei Herder) stellt die Herausstellung eines beiden Autoren gemeinsamen ‚humanitären Nationalismus' rezeptionsgeschichtlich eher eine Ausnahme dar. Im Allgemeinen wird [...] Rousseau dem Begriff der ‚Staatsnation', der sog. ‚subjektiven' bzw. ‚politischen' Nationsbildung der Staaten West- und Nordeuropas, und Herder dem Begriff der ‚Kulturnation', der ‚objektiven' bzw. ‚sprachlichen' Nationsbildung in Mittel- und Osteuropa zugeordnet."
185 Peter Walkenhorst: Nation – Volk – Rasse. Radikaler Nationalismus im Deutschen Kaiserreich 1890-1914. Göttingen 2007. S. 81.
186 Eric J. Hobsbawm: Nationen und Nationalismen. Mythos und Realität seit 1780. Frankfurt a. M. 1991. S. 44.

Sprache sprechen, eine gemeinsame politische und kulturelle *Entwicklung* durchgemacht haben und das *Bewusstsein* der *Zusammengehörigkeit* besitzen. Dabei ist es erwünscht, wenn auch nicht notwendig, daß alle diese Voraussetzungen zusammen zutreffen."[187]

Ernst Hasse führte das Verhältnis dieser die Nation konstituierenden Voraussetzungen nicht näher aus. Der Nationsbegriff der mehr oder weniger radikalen Nationalisten des späten 19. und frühen 20. Jahrhunderts scheint sich eben durch ein nicht klar abgegrenztes Bedeutungsfeld des für ihre Bewegung so zentralen Begriffes auszuzeichnen. Dies sorgte für eine gewisse Flexibilität, die neben den politischen und gesellschaftlichen Umwälzungen zur zunehmenden Verbreitung dieser Ideologie beitrug.[188] So ist es wenig verwunderlich, dass sich auch bedingungslose, radikale Formen des Nationalismus mitunter als durchaus anschlussfähig an jene moderateren Ausprägungen breiterer Gesellschaftsschichten erwiesen. Ermöglicht wurde diese Verbreitung des nationalistischen Gedankenguts vor allem durch die rege publizistische Betätigung ihrer Akteure, die in Journalen und Periodika der zahlreichen Schul- und Schutzvereine, aber auch in auflagestarken Tageszeitungen außerordentlich präsent waren. Sofern der Begriff Nationalismus heute nicht gänzlich negativ konnotiert ist, lässt sich gegenwärtig die Tendenz beobachten, dass dichotomisch zwischen „gutem", patriotische oder nationale Gesinnung ausdrückenden, und „schlechtem", aggressiven Nationalismus unterschieden wird.[189] Er scheint sich jedoch, wie Dieter Langewiesche

---

187 Ernst Hasse: Deutsche Politik. 3 Bde., München 1905-1908. Bd. 1, H. 1. S. 10 [Hervorhebung im Original].
188 Vgl.: Peter Walkenhorst: Nation – Volk – Rasse. Radikaler Nationalismus im Deutschen Kaiserreich 1890-1914. Göttingen 2007. S. 83.
189 Vgl.: Julia Schmid: Kampf um das Deutschtum. Radikaler Nationalismus in Österreich und dem Deutschen Reich 1890-1914. Campus, Frankfurt a. M. 2009. S. 15.

es formuliert, stetig „im Spannungsfeld zwischen den beiden Hauptpolen [...] Partizipation und Aggression"[190] zu bewegen. Einzig die Sprache, die selbstverständlich vor jeglicher Verunreinigung durch Fremdwörter zu schützen sei, galt innerhalb der deutschnationalen Bewegung als präzises Kriterium der Nationszugehörigkeit. Die jüdische Bevölkerung wurde von diesem auf der Sprache basierenden identitätsstiftenden Kriterium ausgenommen und man erfand das Sonderkriterium „Religionszugehörigkeit", das gleichsam als sekundäres Merkmal die Frage der Sprachzugehörigkeit ergänzen müsse.[191] Besonders deutlich tritt in den zahlreichen publizistischen Beiträgen das Ideal des homogenen „Volkskörpers" zu Tage, das sich unter Erfüllung möglichst vieler von Hasse formulierten Kriterien in einem „allgemein durchdringende[n] Denken und Fühlen"[192] zeige, welches ihren Niederschlag in Kunst, Literatur, Sitte und Glaube finde. Peter Walkenhorst hat diese „Homogenitätsutopie" als „semantisches Substrat des radikal-nationalistischen Nations- und Volksbegriffs"[193] vorgeführt. Dieses Nationsverständnis zeichnete sich durch das Spannungsverhältnis zwischen den kulturellen Merkmalen der Zugehörigkeit zu einer Nation und dem Abstammungsprinzip aus. Seit dem Beginn des 20. Jahrhunderts ist analog zur allgemeinen Biologisierung des politischen Denkens eine deutliche Verlagerung des Schwerpunktes auf eben dieses Prinzip der Abstammung zu beobachten. Dieser Tendenz folgend wurden

---

190 Dieter Langewiesche: Nationalismus im 19. und 20. Jahrhundert: zwischen Partizipation und Aggression. In: Ders. (Hg.): Nation; Nationalismus, Nationalstaat in Deutschland und Europa. München 2000. S. 35-54. S. 39.
191 Vgl.: Ernst Hasse: Die statistische Ermittlung. In: Deutsche Erde 3/1 (März 1902). S. 67.
192 Anton Frank: Was verstehen wir unter Volksthum. Ein Wort zum Verständnis unserer Zeit. In: Schulvereinskalender 1897. S. 127-133. S. 131.
193 Peter Walkenhorst: Nation – Volk – Rasse. S. 83.

die rassentheoretischen Schriften Gobineaus und Chamberlains[194] eifrig rezipiert und diskutiert. Gobineaus Ansatz schien den Nationalisten zu pessimistisch und so gaben sie Chamberlains Theorie den Vorzug, verband sie doch den liberalen Fortschrittsgedanken mit dem biologischen Selektionsprinzip und hatte somit den Nimbus sowohl von „Wissenschaftlichkeit" als auch von „Natürlichkeit".[195] Bemerkenswerterweise reflektierte Gerhart Hauptmann in seinem Drama *Vor Sonnenaufgang* diese sozial-darwinistischen Gedanken und die Folgen einer in diesem Sinne konstruierten Eugenik noch bevor die Nationalisten sich diese Ansätze zu eigen machten.

Selbstverständlich verfügte das sprachlich-kulturell-rassische Konzept des Nationalismus auch über einen literarischen Kanon. Auf reichsdeutscher Seite bestätigte man den Klassikern Goethe und Schiller ebenso wie den Autoren Theodor Körner, Ludwig Uhland, Heinrich von Kleist, Wilhelm Raabe, Gustav Freytag die Schöpfung vaterländischer Literatur, nicht ohne hervorzuheben, diese würden die „deutsche Volksseele am besten"[196] verkörpern. Walter von der Vogelweide, Grimmelshausen, das *Nibelungenlied* und die *Edda* waren für die deutsche Literatur ebenso unverzichtbar wie Clemens Brentanos *Des Knaben Wunderhorn* oder die Grimm'schen Märchensammlungen. Die deutschösterreichischen Nationalisten fügten den deutschen Klassikern viele zeitgenössische österreichische Autoren wie Ludwig Ganghofer, Ludwig Anzengruber sowie Peter Rosegger und zahlreiche andere, die man der Heimat- und

---

194 Arthur de Gobineau: Versuch über die Ungleichheit der Menschenrassen. Übersetzung von Ludwig Schemann. Fromann, Stuttgart 1898. (Essai sur l'inégalité des races humaines 1853-1855). Houston Stewart Chamberlain: Die Grundlagen des neunzehnten Jahrhunderts. Bruckmann, München 1899.
195 Vgl.: Julia Schmid: Kampf um das Deutschtum. S. 300.
196 Deutschschriften. In: Der getreue Eckhart. Monatsschrift für die Gesamtinteressen deutscher Schutzarbeit 5/3 (März 1907). S. 57.

Mundartliteratur zuordnete, hinzu und bestückten damit die Volksbüchereien. Ruft man sich die eingangs zitierte Definition des Wortes ‚Ideologie" in Erinnerung, so muss einer Aufwertung und Erhöhung des *Eigenen* die Marginalisierung und Abwertung des *Anderen*, des „Fremden" folgen. Dementsprechend wird der jüdische Dichter Heinrich Heine als „Schmutzfink im deutschen Dichterwalde"[197] tituliert und Autoren wie der im Kontext dieser Auseinandersetzung zentrale Hugo von Hofmannsthal einfach ignoriert. Er fand wie sein Zeitgenosse Stefan Zweig – ebenfalls mit Salzburgbezug – wie viele andere große Namen der Literaturszene zu keiner Zeit Eingang in den nationalistischen Kanon. Sachbücher und sogenannte Mahnschriften, die nach Ansicht der selbsternannten Hüter der deutschen Sprache und Kultur lesenswert seien, waren die *Germania* des Tacitus, Luthers Schriften, die Texte Ernst Moritz Arndts, Johann Gottlieb Fichtes und Friedrich Ludwig Jahns. Dazu kamen die Reden Bismarcks und speziell dessen *Gedanken und Erinnerungen*. Das in pathetisch-emotionalem Stil verfasste Geschichtswerk *Deutsche Geschichte*[198] von Heinrich Claß wurde von der deutschnationalen Publizistik emphatisch gefeiert und zählte neben Hasses Werk *Deutsche Politik* zum zentralen Bestand der „guten" Volksbibliothek.[199]

Neben dem Dreigestirn *Sprache, Rasse* und *Kultur* spielte das Verhältnis von *Volk, Staat* und *Monarch* für die nationalistischen Konzepte eine gewichtige Rolle, wobei das Volk von den radikalen Nationalisten über den Staat und den Monarchen gestellt wurde. Hasse formulierte diese Auffassung wie folgt: „Das Einzige, was im Flusse der tausendjährigen Entwicklung Bestand hat, ist das Volk. Alles Andere sind vorübergehende

---

197 Heimdall. Zeitschrift für reines Deutschtum und Alldeutschtum 5/20 (15. Oktober 1900) S. 149.
198 Heinrich Claß: Deutsche Geschichte. Leipzig ⁸1919.
199 Vgl.: Julia Schmid. Kampf um das Deutschtum. S. 115.

Zustände. Die Staaten, als Zusammenfassungen von Völkern, kommen und gehen. Und noch viel vergänglicher sind die Verfassungen der Staaten und die Zustände der Gesellschaft. Das Volk ist das auch einzig, was weitere Wandlungen überdauern wird."[200]
Der Staat solle wie der Monarch dem Volk und seinen Bedürfnissen dienen. Diese Volkssouveränität habe sich in entsprechender politischer Vertretung zu äußern. Mag die an dieser Stelle geforderte „Volkssouveränität" auf den ersten Blick durchaus demokratisch anmuten, so zeigt sich bei näherer Betrachtung, dass die Nationalisten das staatstragende deutsche Mehrheitsvolk als alleinig berechtigt ansahen, die Vertretung und Führung zu übernehmen. Somit waren andere „untergeordnete Völker" auf dem Staatsgebiet der Deutschen von vornherein von der Partizipation ausgeschlossen.[201] Diesem Konzept folgend wurde das Regiment Kaiser Wilhelms II. wiederholt für dessen Kompetenzüberschreitungen getadelt. In Österreich wäre mit derart offener Kritik der Tatbestand der Majestätsbeleidigung erfüllt gewesen, deshalb wurde hierzulande die Kritik am Monarchen und seiner Dynastie nie offen geübt, sondern stets in Aufrufe und Appelle gekleidet. So wurde nur jenseits der österreichischen Grenzen auf Kaiser Franz Joseph zielend verkündet, dass „Volksrecht vor Fürstenrecht"[202] stehe.

Wie oben ausgeführt, band das in wachsendem Maße an die Vorstellung einer ethnisch-kulturellen Abstammungsgemeinschaft gebundene deutschnationale Nationsverständnis die Nation nicht zwingend an einen Territorialstaat. Die geographische Forschung des ausgehenden 19. und beginnenden 20. Jahrhunderts, mittlerweile vielerorts institutionell an den

---

200 Ernst Hasse: Deutsche Weltpolitik. In: Flugschriften des Alldeutschen Verbandes, Heft 5. München 1897. S. 16.
201 Vgl.: Julia Schmid: Kampf um das Deutschtum. S. 306-307.
202 Ernst Hasse: Deutsche Politik. Bd. 1, H 3. S. 135.

Universitäten verankert, lieferte den nationalistischen Konzepten entsprechendes Material, mit dessen Hilfe die Verortung der Nationen im Raum stetig an Bedeutung und ideologischem Potenzial gewann. In Analogie zu den Ansätzen der Klimatheorie, der zufolge unterschiedliche Klimate entsprechende Völkernaturen hervorbrächten, gingen nach Ansicht der Nationalisten mit dieser natürlichen Ordnung der Länder die natürliche Ordnung der Völker einher, wobei die „Logik der Erde"[203] normativen Charakter besaß, weil in einer Zeit des Glaubens an die objektive Wahrheit naturwissenschaftlicher Modelle kaum eine plausiblere und wirkungsmächtigere Legitimation für ideologisch-politisches Handeln in die Argumentation eingeführt hätte werden können. Dieses „natürliche" Deutschland wurde im Mitteleuropa-Begriff gefasst, der diesen Raum in der nationalistischen Diktion beschrieb.[204]

Zusammenfassend lassen sich innerhalb der deutsch-nationalen Konzepte die Kategorien *Sprache – Kultur – Rasse, Volk – Staat – Monarch* und *Natur – Land – Raum* identifizieren, wobei bei letzterem der Begriff „Mitteleuropa" von eminent großer Bedeutung zu sein scheint. Diese Konzepte stellen gleichsam Diskurse innerhalb der nationalistischen Bewegung dar, die nicht nur ob ihrer weitreichenden publizistischen Verbreitung, sondern auch durch ihre nachweisliche Präsenz außerhalb der deutschnationalen Eliten von gesellschaftlicher Relevanz waren.

„Also sehen wir hier wieder zahlreiche Zugriffe von politisch-ideologischen Gruppen auf die Literatur", hielt die Enkelin fest.

---

203 Hans-Dietrich Schultz: Deutschlands „natürliche" Grenzen. In: Alexander Demandt (Hg.): Deutschlands Grenzen in der Geschichte. München 1990. S. 33-88. S. 35.
204 Vgl.: Ebd.: S. 47-52. Weiterführend auch: Ders.: Raumkonstrukte der klassischen deutschsprachigen Geographie des 19./20. Jahrhunderts im Kontext ihrer Zeit. In: Geschichte und Gesellschaft 28 (2002). S. 343-377. S. 361-374.

„Was diesen Gruppen ideologisch in den Kram passte, haben sie hochleben lassen, was nicht von ihnen, aus ihrer ‚Nation' stammte, wurde schlechtgemacht." Bei diesen Worten schwang ein hörbarer Grad an Empörung bei der Diva mit. Faust ergänzte, es sei kaum verwunderlich, dass sich der Faschismus an diesem reichhaltigen ideologischen Menü oftmals bedient habe. „Ich bin schon gespannt zu erfahren, was es nun mit den vielzitierten Festspielschriften auf sich hat. Mir schwant Übles." – „Geduld und keine Angst!", sagte die Suchmaschine mit einem Augenzwinkern.

5.5 Nationalismen in Hofmannsthals Festspielschriften

„Nicht durch unser Wohnen auf dem Heimatboden, nicht durch unsere leibliche Berührung in Handel und Wandel, sondern durch ein geistiges Anhangen vor allem sind wir zur Gemeinschaft verbunden. Hierdurch unterscheiden sich unsere alten europäischen Nationen von jenem jungen, nach außen mächtigen amerikanischen Staatswesen, in dem wir eine Nation in diesem Sinne noch nicht zu erkennen vermögen. In einer Sprache finden wir uns zueinander, die völlig etwas anderes ist als das bloße natürliche Verständigungsmittel; denn in ihr redet Vergangenes zu uns, Kräfte wirken auf uns ein und werden unmittelbar gewaltig, denen die politischen Einrichtungen weder Raum zu geben noch Schranken zu setzen mächtig sind, ein eigentümlicher Zusammenhang wird wirksam zwischen den Geschlechtern, wir ahnen dahinter ein Etwas waltend, das wir den Geist der Nation zu nennen uns getrauen."[205]

---

[205] Hugo von Hofmannsthal: Das Schrifttum als geistiger Raum der Nation. (Rede, gehalten im Auditorium Maximum der Universität München am 10.01.1927). In: Gesammelte Werke in zehn Einzelbänden. Reden und Aufsätze III. Fischer, Frankfurt a. M. 1979. S. 24.

So begann Hugo von Hofmannsthal seine Rede an der Münchner Universität im Jänner 1927 und die oben ausgeführten nationalistischen Konzepte treten im Verlauf seines mit Vergleichen, literarischen Zitaten, ideologischen Euphemismen und abwertender Kritik gespickten Vortrags deutlich zu Tage. Eingangs wird die gemeinsame deutsche Sprache als Ausdrucksform des „Geistes der Nation" beschworen, um später „im innerlich so weiten Raume unseres großen Landes, vom Bodensee bis an die Kurische Nehrung, von der Weser bis ins steirische Gebirge"[206] die „Deuter [...] in ihren höchsten Augenblicken"[207] zu ehren, und die „Seher – das witternde, ahnende deutsche Wesen tritt in ihnen wieder hervor, witternd nach Urnatur im Menschen und in der Welt, deutend die Seelen und die Leiber, die Gesichter und die Geschichte, deutend die Siedlung und die Sitte, die Landschaft und den Stamm"[208] zu preisen, welche „die wahre und einzig mögliche deutsche Akademie"[209] repräsentierten. Hofmannsthal spricht weiter vom suchenden „deutschen Geist, bewährt mit dieser einen Erleuchtung: daß ohne geglaubte Ganzheit zu leben unmöglich ist – daß im halben Glauben kein Leben ist, daß dem Leben entfliehen, wie die Romantik wähnte, unmöglich ist: daß das Leben lebbar nur wird durch gültige Bindungen."[210] Der Dichter ruft „zu der politischen Erfassung des Geistigen und der geistigen des Politischen, zur Bildung einer wahren Nation"[211] auf und schließt mit den Worten:

„Der Prozeß, von dem ich rede, ist nichts anderes als eine konservative Revolution von einem Umfange, wie die europäische Geschichte ihn nicht kennt. Ihr Ziel ist Form, eine

---

206 Ebd.: S. 35.
207 Ebd.
208 Ebd.: S. 35-36.
209 Ebd.: S. 35.
210 Ebd.: S. 39.
211 Ebd.: S. 40.

neue deutsche Wirklichkeit, an der die ganze Nation teilnehmen könne."[212]

Der ideologisch-politische Charakter dieser Rede Hofmannsthals ist kaum bestreitbar. Blicken wir nun eine Dekade zurück in die Zeit der großen Katastrophe des 20. Jahrhunderts, in die Zeit jenes Krieges, der im August 1914 seinen Anfang nahm. 1911 hatte Hofmannsthal dem (Theater-)Publikum attestiert, es sei schwankend, kurzsinnig und launisch, das Volk dagegen sei alt und weise und wisse sehr wohl, welche geistige Nahrung ihm bekomme, und durch ein Goethezitat indirekte Kritik an der „Zeitgeistigkeit" der Printmedien geübt.[213] Diese zuvor getadelte Medienlandschaft nutzte der Dichter während des Krieges für zahlreiche publizistische Beiträge mit kriegspropagandistischem und patriotischem Inhalt.[214]

In seiner *Proposition für die Errichtung eines Mozarttheaters*[215] aus dem Jahr 1917 übte Hofmannsthal nicht nur Kritik am großstädtischen Theaterbetrieb der Moderne, sondern hob die zu schützende „spezifisch österreichische"[216] Theatertradition

---

212 Ebd.: S. 41.
213 Vgl.: Hugo von Hofmannsthal: Das Spiel vor der Menge. In: Gesammelte Werke in zehn Einzelbänden. Dramen III. Frankfurt a.M. 1979. S. 106.
214 Als eines der zahlreichen Beispiele für Hofmannsthals publizistische Beiträge mit politisch-nationaler Färbung sei der Leitartikel „Appell an die oberen Stände" in der Neuen Freien Presse vom 08.09.1914 genannt. http://anno.onb.ac.at/cgi-content/anno?aid=nfp&datum=19140908&seite=1 (06.06.2022). Siehe auch: Hugo von Hofmannsthal: Appell an die oberen Stände. In: Gesammelte Werke in zehn Einzelbänden. Reden und Aufsätze II. Fischer, Frankfurt a.M. 1979. S. 347-350.
215 Hugo von Hofmannsthal: Proposition für die Errichtung eines Mozarttheaters als einer Pflegestätte der klassischen, insbesondere mozartschen Spieloper und der klassischen Komödie. In: Gesammelte Werke in zehn Einzelbänden. Reden und Aufsätze II. Fischer, Frankfurt a.M. 1979. S. 231-234.
216 Ebd.: S. 231.

hervor, die er in erster Linie in den Opern Mozarts und im höheren Lustspiel repräsentiert sah. Vor allen anderen deutschen Stämmen, so Hofmannsthal weiter, sei dieser österreichischen Tradition „Innigkeit und Schlichtheit des Gefühls" sowie „die ungekünstelte Grazie und das zarte Maß"[217] gegeben. Nicht, was Hofmannsthal in weiterer Folge an Dichtern und Dramatikern und deren Werken aufzählte, ist bemerkenswert, sondern vielmehr, was er an „österreichischer" Tradition wegließ. Er scheint vielmehr selektierend eine eigene Tradition zu konstruieren.[218] Seine Verbundenheit mit dem Staat und der Dynastie wird deutlich, wenn er der Hoffnung auf die Umsetzung seines Ansinnens Ausdruck verleiht und die Errichtung einer Spielstätte dem Kaiserpaar gleichsam als eine in ihrer Verantwortung liegende Pflicht suggeriert, selbstverständlich unter Indienstnahme der Kaiserin als Schirmherrin.[219]

„Der Festspielgedanke ist der eigentliche Kunstgedanke des bayrisch-österreichischen Stammes."[220] In dem in den *Mitteilungen der Salzburger Festspielhausgemeinde 3/4* vom April 1919 veröffentlichten Text *Deutsche Festspiele zu Salzburg* war Hofmannsthal gezwungen, auf das Kaiserpaar und die von der

---

217 Ebd.
218 Vgl.: Norbert Wolf: Ordnungsutopie oder Welttheaterschwindel? Hofmannsthals Salzburger Festspielkonzepte in ihrem kultur- und ideologiegeschichtlichen Kontext. In: Gerhard Neumann u. a. (Hg.): Hofmannsthal. Jahrbuch zur europäischen Moderne 19/2011. Rombach, Freiburg 2011. S. 217-254. Speziell die Verweise auf die invention of tradition (S. 228-229) scheinen in diesem Zusammenhang plausible Deutungen anzubieten.
219 Vgl.: Hugo von Hofmannsthal: Proposition für die Errichtung eines Mozarttheaters als einer Pflegestätte der klassischen, insbesondere mozartschen Spieloper und der klassischen Komödie. In: Gesammelte Werke in zehn Einzelbänden. Reden und Aufsätze II. Fischer, Frankfurt a. M. 1979. S. 233.
220 Hugo von Hofmannsthal: Deutsche Festspiele zu Salzburg. In: Gesammelte Werke in zehn Einzelbänden. Reden und Aufsätze II. Fischer, Frankfurt a. M. 1979. S. 255-257. S. 255.

politischen Landkarte verschwundene Donaumonarchie als Identifikationspunkte zu verzichten. Dieser Platz wurde nun mit in die deutschnationalen Konzepte jener Zeit passender Rhetorik gefüllt. Die süddeutschen „Stammeseigentümlichkeiten" würden deutlich hervortreten, denen der Dichter aber eine durchaus integrative Kraft zuschrieb. „Nicht anders kann als in solcher Polarität das im tiefsten polare deutsche Wesen sich ausdrücken; so war es zu Zeiten des alten ehrwürdigen Reiches, so soll es wieder sein."[221] Dem an dieser Stelle beschworenen Heiligen Römischen Reich Deutscher Nation gab Hofmannsthal mit Mozart ein Zentrum, eine Mitte. Dies sei, so der Dichter weiter, keine „begriffliche Konstruktion", sondern vielmehr eine „Naturwahrheit", die „auch im Geistigen" walte, „nicht nur im Geographischen und in der Wirtschaft."[222] Das oben erläuterte Konzept von Raum, Natur und Natürlichkeit, der Begriff der Mitte und des mittleren Europas als Hort und Wiege des Deutschtums sind in diesen Textstellen fassbar. Gleichermaßen gilt dies für Hofmannsthals Verweis auf den „unverkümmerten Kulturzusammenhang" zu jenen Gebieten, die vom mittlerweile „verkümmerten" Restösterreich bereits abgeschnitten waren oder wenige Monate nach der Entstehung des Textes durch die Bestimmungen von St. Germain endgültig abgetrennt werden sollten.

Im *Aufruf zum Salzburger Festspielplan* aus dem Jahr 1919, meist mit *Die Salzburger Festspiele* betitelt, wählte der Dichter die dialektische Form eines Dialogs, eines Frage-und-Antwort-Spiels, das ein wenig an ein Interview erinnert, um seine Sicht der Dinge zu transportieren und für die Festspielidee zu werben. Die Frage, ob ein deutsches nationales Programm intendiert sei, wird wie folgt beantwortet:

---

221 Ebd.
222 Ebd.: S. 255-256.

„Deutsch und national in dem Sinn, wie sich die großen Deutschen zu Ende des achtzehnten und zu Anfang des neunzehnten Jahrhunderts, die gültigen Lehrer der Nation, die nationale Schaubühne dachten: es war ihnen selbstverständlich, die Antike einzubeziehen, und selbstverständlich, den Shakespeare wie den Calderon und den Molière nicht außen zu lassen."[223] Die Trennung von gebildetem Publikum und der Masse weist Hofmannsthal zurück, dies sei mit dem „Begriff des Volkes"[224] unvereinbar, um weiter auszuführen, dass Salzburg für das Vorhaben prädestiniert sei, dem „klassischen Besitz der Nation"[225] zu dienen, gleichsam als Zentrum des „bayrisch-österreichischen Stammes", der stets Träger und Ausgangspunkt des „theatralischen Vermögens"[226] gewesen sei. „Das Salzburger Land" sei das „Herz vom Herzen Europas", meint er weiter, und das „mittlere Europa" habe keinen „schöneren Raum", so musste einem Naturgesetz gleich Mozart eben hier geboren werden.[227] Deshalb seien die Festspiele ins Leben zu rufen, „damit das Richtige und der Nation Gemäße"[228] getan werden könne. Die nationalistische Weltdeutung tritt an dieser Stelle in mehreren zentralen Aspekten deutlich zu Tage. Neben latenter Kritik an der Großstadt und damit wohl auch an der literarischen Moderne, deren wirkungsmächtiges österreichisches Aushängeschild Hofmannsthal im Fin de siècle selbst war, und der wiederholten „Erfindung" der Salzburger Tradition, führt er den Glauben an Europa in seine Argumentation ein, der wegen seiner angeführten Vorreiter dieses Gedankens – speziell die

---

223 Hugo von Hofmannsthal: Die Salzburger Festspiele. In: Gesammelte Werke in zehn Einzelbänden. Reden und Aufsätze II. Fischer, Frankfurt a.M. 1979. S. 258-263. S. 259.
224 Ebd.
225 Ebd.: S. 260.
226 Ebd.
227 Vgl.: Ebd.: S. 261.
228 Ebd.: S. 260.

Nennung Napoleons, aber auch jene der Französischen Revolution mutet in diesem Zusammenhang befremdend an – einiges an Glaubwürdigkeit verliert. Diese Zweifel an einem von Hofmannsthal gedachten Europa gleichberechtigter und gleichrangiger Nationen werden zudem durch die Aussage genährt, dass Menschen „anderer Nationen" nach Salzburg kommen werden, „um das zu suchen, was sie nicht leicht anderswo in der Welt finden könnten."[229]

Der Text *Festspiele in Salzburg* bildet den Abschluss dieses kurzen Streiflichts auf eine Auswahl von Hofmannsthals Festspielschriften. In diesem Essay aus dem Jahr 1921 begegnen der Leserschaft wie in den zuvor beschriebenen Schriften ähnliche nationalistische Konzepte, auf deren Grundlage das seinem „Urtrieb"[230] folgende Volk zum Träger der Kultur stilisiert wird. Das nationalistische Konzept von Natur, Land und Raum wird mehrfach als unwiderlegbares, das Volk erst konstituierendes Faktum bemüht, um den Festspielgedanken zu befördern. Nichts sei „Zufall, alles geographische Wahrheit, tiefer Zusammenhang zwischen scheinbar nur Geistigem und scheinbar nur Physischem."[231] Klang die finale Aussage im oben besprochenen Text *Die Salzburger Festspiele*, die „Nationen sollen einander in ihrem Höchsten erkennen, nicht in ihrem Trivialsten"[232], noch nach kultureller Elitenbildung[233], so präsentiert Hofmannsthal

---

229 Ebd.
230 Hugo von Hofmannsthal: Festspiele in Salzburg. In: Gesammelte Werke in zehn Einzelbänden. Reden und Aufsätze II. Fischer, Frankfurt a. M. 1979. S. 263-268. S. 264, S. 265 u. 268.
231 Ebd.: S. 266.
232 Hugo von Hofmannsthal: Die Salzburger Festspiele. In: Gesammelte Werke in zehn Einzelbänden. Reden und Aufsätze II. Fischer, Frankfurt a. M. 1979. S. 263.
233 Vgl.: Norbert Wolf: Ordnungsutopie oder Welttheaterschwindel? Hofmannsthals Salzburger Festspielkonzepte in ihrem kultur- und ideologiegeschichtlichen Kontext. In: Gerhard Neumann u. a. (Hg.): Hofmannsthal. Jahrbuch zur europäischen Moderne 19/2011. Rom-

nun die einfache Bevölkerung nicht nur als Kulturträger, sondern auch als Kulturgenießer, die im Theater „rein Volkshaftes, ja Naturhaftes, Unmittelbares"[234] erkennen. Er nimmt Bezug auf die erste Jedermann-Aufführung am 22.08.1920, bei der die „Berge einer deutschen Landschaft, gekrönt von einer deutschen Burg" die Kulisse bildete, zu der die Bauern aus Nah und Fern herbeiströmten – so schrieb der Dichter –, um das Geschehen wiederum ganz natürlich mit den Worten zu kommentieren: „Es wird wieder Theater gespielt. Das ist recht."[235] Die bereits oben angedeutete Kritik an der Moderne findet sich in dieser Schrift ebenso wie die fortgesetzte Traditionskonstruktion.[236] Hugo von Hofmannsthal scheint eine ideologische Wandlung durchgemacht zu haben. Diese Entwicklung vollzog sich vom österreichischen Patrioten mit deutschnationaler Prägung in den Jahren des Ersten Weltkriegs über mehrere, in den Festspielschriften fassbare, Abstufungen zum Nationalisten der Münchner Rede.

5.6 Schlussbetrachtung

Die nationalistischen Konzepte *Sprache – Kultur – Rasse, Volk – Staat – Monarch* und *Natur – Land – Raum* sind in den eben besprochenen Texten Hofmannsthals eindeutig nachweisbar. Es stellt sich die Frage, was man mit diesem Befund anfängt. Soll man den Dichter einen „schlechten" Nationalisten nennen, aus ihm einen potenziellen Ideengeber für den Nationalsozialismus machen und ihn damit stigmatisieren, und dies allein auf der Grundlage der Sichtweise des ausgehenden 20. und beginnenden 21. Jahrhunderts, deren Legitimation im pluralistisch-demokratischen

---

bach, Freiburg 2011. S. 236.
234 Hugo von Hofmannsthal: Die Salzburger Festspiele. S. 266.
235 Ebd.: S. 267.
236 Vgl.: Ebd.: S. 268.

Denken verankert zu sein scheint? Thomas Mann meinte, Hofmannsthal habe sich als unpolitischer Geist von der konservativen Revolution arglos gesprochen, von jener Revolution, die er in seiner oben angeführten Rede an der Münchner Universität forderte, und habe sich um deren Verwirklichung wenig gekümmert. Die für Deutschland typische Kluft zwischen Geist und seiner politischen Verwirklichung, so Mann weiter, habe Hofmannsthal die Kühnheit und Freiheit, aber auch eine gewisse Beziehungs- und Verantwortungslosigkeit gegeben, so müsse die Rede nun postum als „Prophetie und Bestätigung des Gräuels herhalten". Dies stelle denselben Missbrauch dar, der mit Nietzsche, Wagner und George geübt werde.[237] Hofmannsthals publizistisches Engagement während des Ersten Weltkriegs scheint Manns Einschätzung des arglosen, unpolitischen Menschen zu widersprechen. Auf den Briefwechsel zwischen Hofmannsthal und George bezugnehmend, bedauerte Theodor W. Adorno die elitäre Haltung Hofmannsthals und die Anfälligkeit der mit ihm sympathisierenden „rechten Kreise" für den Nationalsozialismus, dem die George-Schule mehr Widerstand entgegengesetzt habe. Hofmannsthal habe im Vertrauen auf den Bestand der österreichischen Tradition eine Ideologie für die Oberschicht gemacht und dieser eine falsche humanistische Gesinnung zugeschoben. Hofmannsthal habe, so Adorno weiter, eine fiktive Aristokratie erfunden, die „seine Sehnsucht als erfüllt vorspiegelte."[238] Der Studie *Ursprung und Ideologie der Salzburger Festspiele*[239] von Michael P. Steinberg,

---

237 Vgl.: Thomas Mann: Leiden an Deutschland. In: Gesammelte Werke in dreizehn Bänden, Bd. 12. Fischer, Frankfurt a. M. 1974. S. 716.
238 Vgl.: Theodor W. Adorno: George und Hofmannsthal. Zum Briefwechsel 1891 – 1906. In: Kulturkritik und Gesellschaft I, hrsg. von Rolf Tiedemann. Frankfurt a. M. 1977 (=Gesammelte Schriften Band 10.1). S. 195-237. S. 204-205.
239 Michael P. Steinberg: Ursprung und Ideologie der Salzburger Festspiele: 1890 – 1938. Pustet, Salzburg u. München 2000.

die Hofmannsthal im ideologischen Zwielicht sieht, wird von Ulrich Weinzierl in seiner Hofmannsthal-Biographie in vielen Punkten widersprochen, obwohl dem Dichter auch hier unreflektierter Umgang mit nationalistischen Konzepten und dem Volksbegriff attestiert wird.[240]

Es denkt wohl niemand daran, aus Thomas Mann einen Nationalisten und Antisemiten zu machen, weil er in jungen Jahren Beiträge für die von seinem Bruder Heinrich zwischen 1895 und 1896 geleitete deutschnational-antisemitische Monatsschrift *Das Zwanzigste Jahrhundert – Blätter für deutsche Art und Wohlfahrt* verfasst hat. Der Nobelpreisträger Mann war schließlich in der entscheidenden Phase im Exil und hat sich stets von der faschistischen Realität nationalistischer Grundideen distanziert. Hugo von Hofmannsthal dagegen hat weder die Machtergreifung noch den Austrofaschismus erlebt. Vielleicht wird der Schöpfer des *Chandos-Briefs*, jener „sprachlose" Sprachkünstler, eben deshalb bisweilen im Kontext des Deutschnationalismus derart ambivalent gesehen. Er konnte sich nicht mehr wie Thomas Mann distanzieren und das aus moderner Sicht so zwingend erforderliche Bekenntnis zur eigenen Ehrenrettung formulieren: Revoco. Ich widerrufe.

Es gilt, sich den sich ändernden Zugängen zur Vergangenheitsbewältigung nicht zu verschließen und nicht weiter in der „Aufdecker-Mentalität" der späten 1980er und 1990er Jahre zu verharren, welche die jahrzehntelange kollektive Verdrängung regelrecht konterkarierte. Wird es wohl auch künftig genügen, auf verschiedenste historische Persönlichkeiten, die vormals deutschnational gesinnt waren und später der NSDAP beitraten, mit dem Finger zu zeigen? Dies scheint ein Beispiel für die unreflektierte und für das Verständnis der Vergangenheit wenig hilfreiche Distanzierung vom „schlechten" Nationalismus der

---

240 Vgl.: Ulrich Weinzierl: Hofmannsthal. Skizzen zu seinem Bild. Wissenschaftliche Buchgesellschaft, Wien 2005. S. 91.

Altvorderen bei gleichzeitiger Erhöhung des „guten" eigenen Nationalstolzes zu sein. Es ist wohl eher angebracht, die gesellschaftlichen Prozesse und die Erfordernisse der jeweiligen Zeit für den Einzelnen genau zu prüfen, und nach den Hintergründen zu fragen, die jene ideologischen Verwerfungen des 20. Jahrhunderts erst möglich machten. Aber wie man sieht, lassen sich auf Grundlage von Hofmannsthals „Programmatik" der Anfänge, die wie oben gezeigt eine kaum bestreitbare nationalistische Grundierung und Rhetorik aufweist, jederzeit kosmopolitische Deutungen und europafreundliche, visionäre Aussagen konstruieren, die unter dem Deckmantel von Kunst und Kultur unsere zeitgemäße „gute" Ideologie transportieren. Es gilt lediglich, das eine oder andere Zitat aus dem Zusammenhang zu reißen und umzudeuten. Man darf gespannt sein, wie künftige Generationen die „ideologischen Verwerfungen" des beginnenden 21. Jahrhunderts und unseren Umgang mit der eigenen Vergangenheit bewerten werden.

6 Wege trennen sich

Die Suchmaschine war ob des Zuspruchs seiner Freunde über alle Maßen erfreut und nahm den Applaus und die anerkennenden Worte gerne zur Kenntnis. „Wie passt Kriegspropaganda bei Hofmannsthal, der als Mitarbeiter des k. u. k. Kriegsfürsorgeamts während des Ersten Weltkriegs tätig war, der in seinen Festspielschriften deutsch-nationale Töne angeschlagen hat, mit dem *Friedensprojekt Festspiele* im Memorandum der Salzburger Festspiele 2020[241] und dem vielbeschworenen Europagedanken zusammen?", fragte er in die Runde. „Nun, den Umstand, dass Zitate wiederholt aus dem Zusammenhang gerissen oder verkürzt dargestellt wurden, um die gewünschte Aussage zu erhalten, hast du bereits ausgeführt", erwiderte die Diva. „Etwas mehr Kontext zu liefern, wird das Verständnis erleichtern." Franz Theodor Csokor, Albert Ehrenstein, Emil Kläger, Franz Molnar, Robert Musil, Alfred Polgar, Rainer Maria Rilke, Felix Salten, Franz Werfel, Stefan Zweig und einige mehr seien nach Ausbruch der Ersten Weltkriegs Mitglieder der literarischen Gruppe des Kriegspressequartiers – kurz KPQ – gewesen und hatten freimütig Propagandaschrifttum verbreitet, indem sie aus Daten und Fakten von den Fronten Heldengeschichten und patriotische Beschönigungen der Kriegsrealität formulierten. Die meisten der oben genannten Persönlichkeiten meldeten sich freiwillig für diese Dienststelle. Als Kriegsberichterstatter waren Egon Erwin Kisch, Alexander Roda Roda sowie als einzige Frau Alice Schalek Mitglieder

---

241 Vgl.: Memorandum des Salzburger Festspielfonds und des Direktoriums der Salzburger Festspiele aus Anlass des 100-Jahr-Jubiläums der Salzburger Festspiele am 22. August 2020
https://www.salzburgerfestspiele.at/presse/pressetexte-2020 (09.06. 2022)

des KPQ, sie pflegten stets engen Kontakt mit der literarischen Gruppe.[242] „Das hört sich wie das Who's Who der österreichischen Literatur- und Publizistikszene dieser Zeit an", beklagte Faust. Hugo von Hofmannsthal sei im Juli 1914 zum Kriegsdienst eingezogen worden, erklärte die Suchmaschine weiter, er wechselte noch vor Kriegsbeginn wegen Untauglichkeit ins Kriegsfürsorgeamt, in dem er als Leiter des Pressebüros „eine universelle ‚österreichische Idee'" propagierte, „der ein schicksalhafter, überzeitlicher Sinngehalt eingeschrieben sei: nämlich ‚Grenzwall des lateinisch-germanischen Wesens' und ‚Ausgangspunkt der Kolonisation' zu sein gegenüber einem polymorphen Osten."[243] Die patriotische Grundstimmung und regelrechte Kriegseuphorie sei zu Kriegsbeginn weitverbreitet gewesen, habe mit jedem Kriegsjahr jedoch durch immense Verluste und wachsende Not abgenommen. „Zweig, Rilke und einige andere legten im Verlauf des Krieges diesen Hurra-Patriotismus ab." − „Eine Frau als Kriegsreporterin ist vor über 100 Jahren sicher eine außergewöhnliche Erscheinung gewesen", stellte die Enkelin fest. „Oh ja", sagte die Suchmaschine, „der Publizist, Sprach-, Kultur-, und Medienkritiker Karl Kraus hat ihr und der gesamten k. u. k.-Entourage 1922 ein wenig schmeichelhaftes, satirisches Denkmal gesetzt, das den bezeichnenden Titel *Die letzten Tage der Menschheit* trägt.[244] Kraus ließ übrigens auch kein gutes Haar an der Aufführung von Hofmannsthals Stück *Das Salzburger große Welttheater* in der Kollegienkirche in Salzburg 1925. Vor allem der Spielort, eine katholische Kirche, war dem Satiriker ein Dorn im Auge." − „Also waren die Literaten als Verfasser der Propaganda im KPQ

---

242 Vgl.: http://wk1.staatsarchiv.at/propaganda-kuenstler-und-kpq/literatur/(09.06.2022)
243 http://wk1.staatsarchiv.at/propaganda-kuenstler-und-kpq/literatur/hugo-von-hofmannsthal/(09.06.2022)
244 Karl Kraus: Die letzten Tage der Menschheit. Tragödie in fünf Akten mit Vorspiel und Epilog. Suhrkamp, Frankfurt a. M. 1986. (=ST 1320).

und den Medien der Zeit nur Teil einer nahezu allgemeinen heute schwer verständlichen Begeisterung für den Krieg und der ideologischen Kriegsführung gegen die Alliierten", bemerkte die Diva nachdenklich. Die Suchmaschine hatte sich treffsicher wie immer den Beginn von Hofmannsthals *Jedermann* auf seine technische Gedächtnisstütze geladen und las in getragenem Ton den Part des Spielansagers.

Jetzt habet allsamt Achtung, Leut!
Und hört was wir vorstellen heut!
Ist als ein geistlich Spiel bewandt,
Vorladung Jedermanns ist es zubenannt.
Darin euch wird gewiesen werden,
Wie unsere Tag und Werk auf Erden
Vergänglich sind und hinfällig gar.
Der Hergang ist recht schön und klar,
der Stoff ist kostbar von dem Spiel,
Dahinter aber liegt noch viel,
Das müßt ihr zu Gemüt führen
Und aus dem Inhalt die Lehr ausspüren.[245]

„Aus dem Inhalt die Lehr ausspüren", wiederholte die Diva. „Die Lehre daraus zu ziehen, die Moral der Geschichte zu ergründen, ist nicht immer ganz so einfach, wie es anfangs zu sein scheint", sprach Faust und setzte hinzu: „Sei nicht so schnell mit einem Werturteil zur Hand! Prüfe selbst, ehe du mit den Wölfen heulst und Stereotype nachplapperst!" – „Der historische Kontext ist stets zu klären. Unsere Wert- und Moralvorstellungen unreflektiert und eins zu eins auf Gesellschaften

---

245 Hugo von Hofmannsthal: Jedermann. Das Spiel vom Sterben des reichen Mannes. In: Ders.: Gesammelte Werke in zehn Einzelbänden. Dramen III. 1893 – 1927. Fischer, Frankfurt a. M. 1986. V. 1-12.

oder Einzelpersonen der Vergangenheit anzulegen, greift oftmals viel zu kurz", ergänzte die Enkelin.

„Wir haben heute mehrfach über Freiheit gesprochen", setzte sie fort. „Die Freiheit der Wissenschaft, der Kunst und der Kultur im Allgemeinen ist aber offensichtlich bis zum heutigen Tag andauernden Versuchen der ideologisch-politischen Einflussnahme ausgesetzt." – „Das bleibt vermutlich unwidersprochen", sagte Faust. „Ich bin beim Recherchieren auf zahlreiche politische Texte von Literaten gestoßen", meinte die Suchmaschine. „Mich hat besonders die Aussage des französischen Existenzialisten und Nobelpreisträgers Albert Camus bewegt. ‚Wenn der Geist erlischt, bricht die Nacht der Diktatur an. [...] Es gibt keine Freiheit ohne gegenseitiges Verständnis.'[246] Derartige Äußerungen müssen selbstredend im Licht des historischen Kontexts und der ideologischen Ausrichtung des jeweiligen Autors reflektiert werden." – „Wie auch immer", warf die Diva ein, „sie stimmen auf jeden Fall nachdenklich."

Sie verbrachten den restlichen Abend mit angeregten Gesprächen über ihre Schnuppertage, die Schwierigkeiten beim Formulieren und bei der Informationsbeschaffung und diverse Ängste und Selbstzweifel. „Manchmal war ich ernsthaft besorgt, ob ich den vereinbarten Termin einhalten kann", gestand die Enkelin. „Ich habe mich auch sehr oft verzettelt, kam vom Hundertsten ins Tausendste, stellte meine Inhalte mehrfach um", pflichtete Faust bei. „Ich war total entspannt und gar nicht aufgeregt", schmunzelte die Diva und erinnerte sich lebhaft an den Knoten im Hals am Beginn ihrer Ausführungen. Die Großmutter war wie an den Tagen zuvor im Hintergrund geblieben, hatte den jungen Leuten aufmerksam

---

[246] Albert Camus: Den Geist hochhalten. Ansprache anlässlich des im großen Saal der „Mutualité" in Paris am 15. März 1945 von L'Amitié Française organisierten Meetings. In: Ders.: Verteidigung der Freiheit. Politische Essays. Rowohlt, Reinbek bei Hamburg 1968. S. 32-35. S. 34. u. 35.

zugehört, sie still ermuntert, sofern es nötig schien. Nun nahm sie bescheiden lächelnd den Dank für allfällige Hilfestellungen und die Nutzung der Räumlichkeiten und der Bibliothek entgegen. „Ist euch eigentlich aufgefallen, dass ihr in den letzten vier Tagen ausschließlich geistes- und gesellschaftswissenschaftliche Themen referiert habt?", fragte sie augenzwinkernd. „Zufall?", meinte die Diva. „Ich weiß nicht. Das ist schon irgendwie eigenartig. Aktuell wird doch den Naturwissenschaften und vor allem den Wirtschaftswissenschaften das Wort geredet. Damit lässt sich Geld machen. Es braucht dann nur noch Advokaten, die das Geld der Konzerne und der Lobbyisten beschützen. Die Brüder Meletos und Mammon – ihr erinnert euch?", sprach Faust und blickte einigermaßen finster drein. „Vorstände, Aufsichtsräte, Juristen und von diversen Interessensgruppen gelenkte Politikerinnen und Politiker werden die gesellschaftlichen Probleme nicht lösen und die Nöte des Planeten nicht lindern können", erklärte die Suchmaschine. „Die Naturwissenschaften mögen technische Lösungen erarbeiten, die Wirtschaft mag dieselben finanzieren, politische Akteure mögen sich für die Umsetzung von Strategien zu Bewältigung von Krisen und Konflikten stark machen, wirklich passieren wird dies alles erst, wenn ein gesamtgesellschaftliches Umdenken stattgefunden hat, und dafür braucht es den Geist, die Geisteswissenschaften", sagte die Enkelin trotzig. „Dergleichen Erkenntnisse sind wertvoll", sagte die Großmutter in ruhigem Ton. „Wenn mehr Menschen wieder zu denken beginnen, den Geist der Aufklärung nicht weiter verleugnen und sich aus Bequemlichkeit von Internetalgorithmen und Kommunikationskonzernen einlullen lassen, um als medial ferngesteuerte Konsumenten nur dem SUV des Nachbarn und den Urlaubsreisen aus den Hochglanzbroschüren hinterher zu hecheln, dann sind nachhaltige Änderungen im globalen Kurs, der gegen eine Wand zu führen scheint, wirklich möglich", fügte die Enkelin hinzu. „Aufklärung", buchstabierte die Suchmaschine. „Aufklärung ist der Ausgang des

Menschen aus seiner selbst verschuldeten Unmündigkeit. Unmündigkeit ist das Unvermögen, sich seines Verstandes ohne Leitung eines anderen zu bedienen", zitierte er Immanuel Kant. Faulheit und Feigheit seien die Ursachen, warum ein so großer Teil der Menschen, nachdem sie die Natur längst von fremder Leitung freigesprochen habe, dennoch gerne zeitlebens unmündig bleiben. Sogenannten Obrigkeiten, wie sie eben besprochen worden seien, führte die Suchmaschine weiter aus, werde es sehr leicht gemacht, sich zu deren Vormündern aufzuwerfen. Es sei einfach bequem, unmündig zu sein. „Habe ich ein Buch, das für mich Verstand hat, einen Seelsorger, der für mich Gewissen hat, einen Arzt, der für mich die Diät beurteilt, und so weiter, so brauche ich mich ja nicht selbst zu bemühen. Ich habe nicht nötig zu denken, wenn ich nur bezahlen kann; andere werden das verdrießliche Geschäft schon für mich übernehmen."[247] Mit diesen Worten schloss er seine Wiedergabe der zentralen Inhalte von Kants Erläuterungen zur Frage, was denn Aufklärung sei, und erntete wie schon des Öfteren an diesem Abend anerkennende Blicke.

Die Zeit des Abschieds war gekommen. Die vier Verteidiger des Geistes, wie sie sich selbst genannt hatten, bereiteten sich darauf vor, das Haus der Großmutter zu verlassen. Sie traten hinaus auf die nunmehr dunkle Straße, die spärlich von einigen Straßenlaternen erhellt war, und gingen ohne Angst vor der noch ungewissen Zukunft in unterschiedliche Richtungen davon. Die Großmutter sah ihnen noch nach, schloss dann leise die Tür hinter ihnen und kehrte zu ihren Büchern zurück.

---

[247] Immanuel Kant: Beantwortung der Frage: Was ist Aufklärung? In: Berlinische Monatsschrift 1784, H. 12. S. 481–494. S. 481 u. 482.

7 Verzeichnis der verwendeten Literatur

7.1 Wege kreuzen sich/Wege trennen sich

Camus, Albert: Den Geist hochhalten. Ansprache anlässlich des im großen Saal der „Mutualité" in Paris am 15. März 1945 von L'Amitié Française organsierten Meetings. In: Ders.: Verteidigung der Freiheit. Politische Essays. Rowohlt, Reinbek bei Hamburg 1968. S. 32-35.
Frost, Robert: The road not taken. In: Ders.: Mountain Interval. Henry Holt and Co., New York 1916.
Goethe, Johann Wolfgang: Faust. Texte. Hersg. in 2 Bänden von Albrecht Schöne. Deutscher Klassiker Verlag, Frankfurt a. M. 2005
Hofmannsthal, Hugo von: Jedermann. Das Spiel vom Sterben des reichen Mannes. In: Ders.: Gesammelte Werke in zehn Einzelbänden. Dramen III. 1893 – 1927. Fischer, Frankfurt a. M. 1986
Kant, Immanuel: Beantwortung der Frage: Was ist Aufklärung? In: Berlinische Monatsschrift 1784, H. 12. S. 481–494.
Kraus, Karl: Die letzten Tage der Menschheit. Tragödie in fünf Akten mit Vorspiel und Epilog. Suhrkamp, Frankfurt a. M. 1986. (=ST 1320).
Musil, Robert: Der Mann ohne Eigenschaften. Rowohlt, Reinbeck bei Hamburg 1987.
Seneca: De brevitate vitae. (Seneca: De brevitate vitae. Von der Kürze des Lebens. Lateinisch/Deutsch. Übersetzt u. hersg. von Josef Feix. Reclam, Stuttgart 2000 (=Reclam 1847).
Thoreau, Henry David: Walden oder Leben in den Wäldern. Aus dem Engl. übersetzt von Wilhelm Nobbe. Jena und Leipzig 1905.
Whitman, Walt: Der Kapitän. In: Ders.: Grashalme. Berliner Ausgabe 2014.

Onlineressourcen:

Memorandum des Salzburger Festspielfonds und des Direktoriums der Salzburger Festspiele aus Anlass des 100-Jahr-Jubiläums der Salzburger Festspiele am 22. August 2020.
https://www.salzburgerfestspiele.at/presse/pressetexte-2020
http://wk1.staatsarchiv.at/propaganda-kuenstler-und-kpq

7.2 *Petrarca*

Textausgaben:

Francesco Petrarca: Das Lyrische Werk hrsg. von Hans Grote. Artemis u. Winkler, Düsseldorf u. Zürich 2002.
Ders.: Epistolae metricae. Briefe in Versen hrsg. von Otto u. Eva Schönberger. Königshausen u. Neumann, Würzburg 2004.
Ders.: Aufrufe zur Errettung Italiens und des Erdkreises. Ausgewählte Briefe hrsg. von Berthe Widmer. Schwabe & Co., Basel 2001.
Ders.: Opere latine hrsg. von Antonietta Bufano. 2 Bde. Turin 1975.
Ders.: Secretum meum hrsg. von Gerhard Regn u. Bernhard Huss. Dieterich'sche Verlagsbuchhandlung, Mainz 2004. (=excerpta classica 21).
Ders.: De otio religioso hrsg. von G. Rotondi. Bibliotheca Apostolica Vaticana, Citta del Vaticano 1958. (=Studi e testi 195).
Ders.: Über den Fürsten – Rerum senilium liber XIV. epistola prima hrsg. von Michael Wien. Norderstedt: Books on Demand, 2005. (=Diss. Berlin 1992).
Anselm von Canterbury: Exhortatio ad contemptum temporalium et desiderium aeternorum. In: Patrologia Latina hrsg. von Jacques-Paul Mignes. Paris 1844-55. Bd. 158.

Aristoteles: Nikomachische Ethik hrsg. von Günther Bien. Felix Meiner Verlag (Philosophische Bibliothek), Hamburg ⁴1985.
Augustinus: Opera Omnia. Tomus V, Pars I. Paris 1837. Sp. 777-786. (=Sermones de scriptures CV).

Literatur:

Essig, Rolf-Bernhard: Der Offene Brief. Geschichte und Funktion einer publizistischen Form von Isokrates bis Günther Grass. Königshausen u. Neumann, Würzburg 2000. (Diss. Bamberg 1999).
Grote, Hans: Petrarca lesen. Friedrich Frommann Verlag, Stuttgart 2006. (=Legenda 7).
Hoffmeister, Gerhard: Petrarca. Metzler, Stuttgart u. Weimar 1997. (=SM 301).
Kern, Manfred: „Parlando". Trivialisierte Bildlichkeit, transgressive Produktivität und europäischer Kontext der Minnerede. In: Ludger Lieb u. Otto Neudeck (Hg.): Triviale Minne? Konventionalität und Trivialisierung in spätmittelalterlichen Minnereden. Walter de Gruyter, Berlin 2006. S. 55-76.
Kuon, Peter: „Petrarcas Selbstkanonisierung". In: Bernd Engler u. Isabell Klaiber (Hg.): Kulturelle Leitfiguren – Figurationen und Refigurationen. Berlin 2007. S. 57-68.
Ders.: Ritual und Selbstinszenierung: Petrarcas Dichterkrönung. (Im Rahmen der Ringvorlesung „Rituale – Feste- Zeremonien. Kulturen und Ästhetiken der Repräsentation im Mittelalter" WS 2010/2011). https://www.plus.ac.at/wp-content/uploads/2021/02/1411175.pdf
Nietzsche, Friedrich: Der Florentinische Tractat über Homer und Hesiod, ihr Geschlecht und ihren Wettkampf, 3-5. In: Rheinisches Museum für Philologie, Nr. 28, 1873. S. 211-249.

Piur, Paul: Petrarcas „Buch ohne Namen" und die päpstliche Kurie: Ein Beitrag zur Geistesgeschichte der Frührenaissance. Halle a. d. Saale 1925.

Steinicke, Marion: „Dichterkrönung und Fiktion. Petrarcas Ritualerfindung als poetischer Selbstentwurf". In: Dies. u. Stefan Weinfurter (Hg.): Investitur und Krönungsrituale. Herrschaftseinsetzungen im kulturellen Vergleich. Köln 2005. S. 427-446.

Stierle, Karlheinz: „Fictor sui ipsius: Geschichte eines Selbstentwurfs". In: Ders.: Francesco Petrarca. Ein Intellektueller im Europa des 14. Jahrhunderts. München 2003. S. 345-474.

Tolkien, J.R.R.: Der Herr der Ringe. Band 2. Die zwei Türme. Klett-Cotta, Stuttgart 2001.

Wehle, Winfried: Concupiscentia signorum. Über ästhetische Erfahrung von Zeichen. Augustin, Dante, Petrarca. In: Walther Haug u. Dietmar Mieth (Hg.): Religiöse Erfahrung. Historische Modelle in christlicher Tradition. Wilhelm Fink Verlag, München 1992. S. 247-275.

7.3 Die neuen Leiden mit den alten Werten

Abraham, Ulf u. Kepser, Matthis: Literaturdidaktik Deutsch. Eine Einführung. Erich Schmitt Verlag, Berlin ³2009.

Adorno, Theodor W.: Ästhetische Theorie (1969). Ges. Werke, Bd. 7, hrsg. von Rolf Tiedemann, Frankfurt a. M. 1970.

Ders.: Theorie der Halbbildung (1959). In: Ders.: Gesammelte Schriften Band 8. Soziologische Schriften I. Darmstadt 1998. S. 93-121.

Ders.: „Minima Moralia" neu gelesen, hrsg. von Andreas Bernard u. Ulrich Raulff. Suhrkamp, Frankfurt a. M. 2003 (=Edition Suhrkamp 2284).

Thomas v. Aquin: Über sittliches Handeln: Summa theologiae I – II q. 18-21. Lateinisch-Deutsch, kommentiert und hrsg. von Rolf Schönberger. Reclam, Stuttgart 2001 (=Reclam 18162).

Busch, Wilhelm: Gesamtwerke in sechs Bänden hrsg. von Hugo Werner. Xenos, Hamburg 1987.

Foucault, Michel: Die Ordnung des Diskurses. (Inauguralvorlesung am Collège de France, 2. Dezember 1970). Fischer, Frankfurt a. M. 1991.

Goethe, Johann Wolfgang: Gesamtausgabe der Werke und Schriften in zweiundzwanzig Bänden. Cotta'sche Buchhandlung Nachfolger, Stuttgart o. J.

Ders.: West-östlicher Divan. Cotta'sche Buchhandlung, Stuttgart 1819.

Hattie, John A. C.: Visible learning: a synthesis of over 800 meta-analyses relating to achievement. London u. a. 2009.

Helmke, Andreas: Unterrichtsqualität und Lehrerprofessionalität. Diagnose, Evaluation und Verbesserung des Unterrichts. Fulda 2009.

Liessmann, Konrad Paul: Theorie der Unbildung. Die Irrtümer der Wissensgesellschaft. Piper, München u. Zürich ^{5}2011.

Luhmann, Niklas: Vertrauen. Ein Mechanismus zur Reduktion sozialer Komplexität. Stuttgart ^{3}1989.

Meyer, Hilbert: Unterrichtsmethoden. II Praxisband. Cornelsen Scriptor Verlag. Berlin ^{13}2010.

Morus, Thomas: Utopia. Übersetzung von Hermann Kothe. Anaconda, Köln 2009.

Nietzsche, Friedrich: Über die Zukunft unserer Bildungsanstalten. Erster Vortrag (vom 16. 01. 1872). In: Ders.: Werke in drei Bänden München 1954, Bd. 3. S. 177-196.

Platon: Apologie des Sokrates. Griechisch-Deutsch. Übertragen und hrsg. von Manfred Fuhrmann. Stuttgart 1986 (=Reclam 8315).

Rosebrock, Cornelia u. Nix, Daniel: Grundlagen der Lesedidaktik und der systematischen schulischen Leseförderung. Schneider Verlag, Baltmannsweiler ^{5}2012.

Schiller, Friedrich: Ueber Anmuth und Würde. In: Ders. (Hg.): Neue Thalia. Dritter Band, welcher das erste bis dritte Stück enthält. Georg Joachim Göschen, Leipzig 1793. S. 115-228.

Schweer, Martin: Vertrauen im Klassenzimmer. In: Ders. (Hg.): Lehrer-Schüler-Interaktion. Inhaltsfelder, Forschungsperspektiven und methodische Zugänge. Wiesbaden ²2008, S. 547-564.

Spinner, Kaspar H.: Methoden des Literaturunterrichts. In: Michael Kämper-van den Boogaart u. Kaspar H. Spinner (Hg.): Lese- und Literaturunterricht. (Deutschunterricht in Theorie und Praxis, Bd. 11,1-3). Schneider Verlag, Baltmannsweiler 2010. S. 190-242.

Speichert, Horst (Hg.): Kritisches Lexikon der Erziehungswissenschaft und Bildungspolitik. Berlin 1975.

Winckelmann, Johann Joachim: Gedanken über die Nachahmung der griechischen Werke in der Malerei und Bildhauerkunst. (Erstausgabe Dresden u. Leipzig 1756). Reclam, Stuttgart 1969.

Zweig, Stefan: Die Welt von Gestern. Erinnerungen eines Europäers. Fischer Taschenbuch Verlag, Frankfurt a. M. ³⁹2012 (=FTB 1152).

Onlineressourcen und Zeitungen:

Jan Friedmann: Zurück zum Kerngeschäft: Der neuseeländische Forscher John Hattie hat ermittelt, was Schüler erfolgreich macht – und was nicht. Sein Befund muss übereifrige Reformer stoppen: Auf den Unterricht kommt es an. In: Der Spiegel. 16/2013. S. 38-40.

Monika Heuring u. Hilarion G. Petzold: „Rollentheorien, Rollenkonflikte, Identität, Attributionen – Integrative und differentielle Perspektiven zur Bedeutung sozialpsychologischer Konzepte für die Praxis der Supervision". http://www.donau-uni.ac.at/imperia/md/content/studium/umwelt_medizin/psymed/artikel/rollenth_1.pdf

Georg Lind (2013). Meta-Analysen als Wegweiser? Zur Rezeption der Studie von Hattie in der Politik. http://www.uni-konstanz.de/ag-moral/pdf/Lind-2013_meta-analysen-als-wegweiser.pdf

Michael Schratz im Interview: Beziehung Lehrer – Schüler bestimmt den Erfolg. Tirol ORF.at 23.10.2012. http://tirol.orf.at/news/stories/2555610/

Martin Spiewak: Ich bin superwichtig! Kleine Klassen bringen nichts, offener Unterricht auch nicht. Entscheidend ist: Der Lehrer, die Lehrerin. Das sagt John Hattie. Noch nie von ihm gehört? Das wird sich ändern. In: Die Zeit. 03.01.2013. http://www.zeit.de/2013/02/Paedagogik-John-Hattie-Visible-Learning
http://www.sqa.at/pluginfile.php/813/course/section/373/hattie_studie.pdf

Schulqualität und Allgemeinbildung, BMUKK: Die Hattie-Studie: Ulrich Steffens und Dieter Höfer zur Studie von John Hattie („Visible Learning", 2009) Mit freundlicher Genehmigung des Instituts für Qualitätsentwicklung, Wiesbaden.

7.4 Frage nach der Kausalität

Carlyle, Thomas: On Heroes, Hero-worship and the Heroic in History. (first published in London 1841). Yale University Press, New Haven and London 2013. S. 19-195.

Ders.: Thoughts cn History. In: James A. Froude and John Tulloch (ed.): Fraser's Magazine II, 10. London 1830. S. 413-418.

Darwin, Charles: On the Origin of Species by Means of natural Selection or the Preservation of favoured Races in the Struggle for Life. London 1859.

Diamond, Jared: Arm und Reich. Die Schicksale menschlicher Gesellschaften. Frankfurt a. M. [7]2011.

Herodot. Historien. Hrsg. von Josef Feix, Düsseldorf [2]2004.

James A. Froude and John Tulloch (ed.): Fraser's Magazine II, 10. London 1830.

Kolmer, Lothar: Geschichtstheorien. Fink, Paderborn 2008. (=UTB 3002):

Mitterauer, Michael: Warum Europa? Mittelalterliche Grundlagen eines Sonderwegs. München [5]2009.

Nietzsche, Friedrich: Unzeitgemäße Betrachtungen. Edition Holzinger. Berliner Ausgabe, [4]2016. (Erstausgabe: Friedrich Nietzsche: Unzeitgemässe Betrachtungen. Zweites Stück: Vom Nutzen und Nachteil der Historie für das Leben. Leipzig, 1874.)

Osterhammel, Jürgen u. Peterson, Niels P.: Geschichte der Globalisierung. Dimensionen, Prozesse, Epochen. München [4]2007.

Schulz, Gerhard: Geschichtliche Theorie und politisches Denken bei Max Weber. In: Vierteljahreshefte für Zeitgeschichte, 12/4 1964. S. 325-350.

Völkel, Markus: Geschichtsschreibung. Eine Einführung in globaler Perspektive. Köln, Weimar u. Wien 2006. (=UTB 2692).

von Zimmermann, Christian: Biographische Anthropologie. Menschenbilder in lebensgeschichtlicher Darstellung (1830-1940). Berlin u. New York 2006.

7.5 Politik in Literatur- und Kulturbetrieb

Uwe Johnson und die DDR-Literatur:
Textausgaben:

Uwe Johnson: Ingrid Babendererde. Reifeprüfung 1953. Suhrkamp, Frankfurt a. M. 1985.

Friedrich Schiller: Ueber Anmuth und Würde. In: Ders. (Hg.): Neue Thalia. Dritter Band, welcher das erste bis dritte Stück enthält. Georg Joachim Göschen, Leipzig 1793. S. 115-228.

Sekundärliteratur:

Aumüller, Matthias: Als der Heilige Geist über Uwe Johnson kam. Zur Funktion biblischer Motive im Bedeutungsaufbau von Ingrid Babendererde. Reifeprüfung 1953. In: Holger Helbig, Bernd Auerochs, Katja Leuchtenberger und Ulrich Fries (Hg.): Johnson-Jahrbuch. Bd. 18. Wallstein Verlag, Göttingen 2011. S. 97–114.

Baumgart, Reinhard: Uwe Johnson im Gespräch (am 02.08.1967 in München). In: E. Fahlke (Hg.): „Ich überlege mir die Geschichte...". Suhrkamp, Frankfurt a. M. 1988. S. 219-230.

Blöcker, Günter: Roman der beiden Deutschland [1959]. In: Raimund Fellinger (Hg.): Über Uwe Johnson. Frankfurt a. M. 1992. S. 47-50.

Bond, Greg: „Die Toten halten zuverlässig das Maul": Uwe Johnson im wiedervereinigten Deutschland. In: Internationales Uwe-Johnson-Forum Bd.3/1993 (1994). S. 181-187.

Ders.: Veraltet? Die Beschäftigung mit Uwe Johnson heute. In: Text und Kritik. Uwe Johnson. Heft 65/66, Neufassung 2001. S. 3–19.

Böttiger, Helmut: Uns Uwe. Zum Desaster der Fernseh-Jahrestage. In: Text und Kritik. Uwe Johnson. Heft 65/66, Neufassung 2001. S. 170-172.

Brecht, Bertolt: Was haben wir zu tun? In: Ders.: Gesammelte Werke. 20 Bde., hrsg. von Elisabeth Hauptmann. Bd. 19: Schriften zur Literatur u. Kunst 2. Suhrkamp, Frankfurt a. M. 1967. S. 545-546.

Fahlke, Eberhard (Hg.): Die Katze Erinnerung. Uwe Johnson. Eine Chronik in Briefen und Bildern. Suhrkamp, Frankfurt a. M. 1994

Gansel, Carsten: Uwe Johnsons Frühwerk, der IV. Schriftstellerkongress 1956 und die Tradition des deutschen Schulromans um 1900. In: Internationales Uwe-Johnson-Forum 1992 (1993). S. 75-129.

Ders.: „es sei EINFACH NICHT GUT SO". Uwe Johnsons Ingrid Babendererde. Reifeprüfung 1953. In: Text und Kritik. Uwe Johnson. Heft 65/66, Neufassung 2001. S. 50-68.

Hofmann, Michael: Uwe Johnson. Reclam, Stuttgart 2001. (=Reclam 17625).

Hoppe, Rainer B.: „Die Grenze – Die Entfernung – Der Unterschied". Zur Darstellung der DDR und der Bundesrepublik in der erzählenden deutschen Literatur. In: Carsten Gansel u. Nicolai Riedel (Hg.): Uwe Johnson zwischen Vormoderne und Postmoderne. Internationales Uwe Johnson Symposium 22.-24.09.1994. Walter de Gruyter, Berlin u. New York 1995. S. 285-290.

Johnson, Uwe: Wenn sie mich fragen (Ein Vortrag). In: Eberhard Fahlke (Hg): „Ich überlege mir die Geschichte...". Uwe Johnson im Gespräch. Suhrkamp, Frankfurt a. M. 1988. S. 51–64.

Ders.: Begleitumstände. Frankfurter Vorlesungen [1979]. Suhrkamp, Frankfurt a. M. 2003.

Klaus, Annekatrin: „Sie haben ein Gedächtnis wie ein Mann, Mrs. Cresspahl!" Weibliche Hauptfiguren im Werk Uwe Johnsons. In: Eberhard Fahlke, Ulrich Fries, Holger Helbig u. Norbert Mecklenburg (Hg.): Johnson-Studien 3. V&R, Göttingen 1999.

Kretzschmar, Ingeborg (Hg.): Literatur im Zeitalter der Wissenschaft. Öffentliche Diskussion des Deutschen PEN-Zentrums Ost und West, geführt in der Deutschen Akademie der Wissenschaften zu Berlin. Berlin 1960.

Leuchtenberger, Katja: „Wer erzählt, muß an alles denken." Erzählstrukturen und Strategien der Leserlenkung in den frühen Romanen Uwe Johnsons. In: Eberhard Fahlke, Ulrich Fries, Holger Helbig u. Norbert Mecklenburg (Hg.): Johnson-Studien 6. V&R, Göttingen 2003.

Mecklenburg, Norbert: Die Erzählkunst Uwe Johnsons. Jahrestage und andere Prosa. Suhrkamp, Frankfurt a. M. 1997.

Ders.: Kleine lustige Wolke. Zu Uwe Johnsons nachgelassenem Jugendwerk Ingrid Babendererde [1985]. In: Nicolai Riedel (Hg.): Uwe Johnsons Frühwerk im Spiegel der deutschsprachigen Literaturkritik. Bonn 1987. S. 213-215.

Ders.: Jahrestage als Biblia pauperum. Uwe Johnsons Filmästhetik und der Fernsehfilm Margarethe von Trottas. In: Ulrich Fries, Holger Helbig u. Irmgard Müller (Hg.): Johnson-Jahrbuch. Bd.8. V&R, Göttingen 2001. S. 187-200.

Neumann, Bernd: Uwe Johnson. Studienausgabe. Europäische Verlagsanstalt, Hamburg 1996.

Neumann, Uwe: Die ausgefallene Tanzstunde. Zu Uwe Johnsons Rezeption des Tonio Kröger in Ingrid Babendererde. In: Ulrich Fries, Holger Helbig u. Irmgard Müller (Hg.): Johnson-Jahrbuch. Bd. 8. V&R, Göttingen 2001. S. 29–61.

Ders.: Uwe Johnson und der Nouveau Roman. In: Eberhard Mannack (Hg.): Beiträge zur Literatur und Literaturwissenschaft des 20. Jahrhunderts. Bd. 10. Peter Lang Verlag, Frankfurt a. M. 1992.

Riedel, Nicolai: Uwe Johnson Bibliographie 1959-1998. Verlag J. R. Metzler, Stuttgart u. Weimar 1999.

Scheuermann, Barbara: „Und wir hatten bei ihm das Deutsche lesen gelernt." Uwe Johnson im Deutschunterricht der gymnasialen Oberstufe. In: Ulrich Fries, Holger Helbig u. Irmgard Müller (Hg.): Johnson-Jahrbuch. Bd.7. V&R, Göttingen 2000. S. 123-162.

Schmied, Christof: Gespräch mit Uwe Johnson (am 29.07.1971 in West-Berlin). In: Eberhard Fahlke (Hg): „Ich überlege mir die Geschichte...". Uwe Johnson im Gespräch. Suhrkamp, Frankfurt a. M. 1988. S. 253-256.

Schwarz, Wilhelm J.: Gespräche mit Uwe Johnson (am 10.07.1969 in West-Berlin). In: E. Fahlke (Hg.): „Ich überlege mir die Geschichte...". Suhrkamp, Frankfurt a.M. 1988. S. 234-247.

Sedghi, Leyla: Das Dilemma der Grenze. Zu Uwe Johnsons Frühwerk. Diss. München 2004.

Shdanow, Andrej: Die Sowjetliteratur, die ideenreichste und fortschrittlichste Literatur in der Welt [1934]. In: Hans J. Schmitt u. Goddehard Schramm (Hg.): Sozialistische Realismuskonzeptionen. Dokumente zum I. Allunionskongreß der Sowjetschriftsteller. Frankfurt a. M. 1974. S. 43-50.

Siedler, Wolf J.: Roman der deutschen Teilung. Zu Uwe Johnsons Mutmassungen über Jakob [1959]. In: N. Riedel (Hg.): Uwe Johnsons Frühwerk im Spiegel der deutschsprachigen Literaturkritik. Bonn 1987. S. 63-66.

Sørensen, Bengt Algot (Hg.): Geschichte der deutschen Literatur 2. Vom 19. Jahrhundert bis zur Gegenwart. Verlag C.H. Beck, Nördlingen ³2010.

Willson, A. Leslie: „Ein verkannter Humorist". Gespräch mit A. Leslie Willson (am 20.04.1982 in Seerness-on-Sea). In: E. Fahlke (Hg.): „Ich überlege mir die Geschichte...". Suhrkamp, Frankfurt a. M. 1988. S. 281-299.

Deutschnationale Rhetorik in Hofmannsthals Festspielschriften

Quellen:

Claß, Heinrich: Deutsche Geschichte. Leipzig ⁸1919.

Frank, Anton: Was verstehen wir unter Volksthum. Ein Wort zum Verständnis unserer Zeit. In: Schulvereinskalender 1897. S. 127-133.

Hasse, Ernst: Deutsche Weltpolitik. In: Flugschriften des Alldeutschen Verbandes, Heft 5. München 1897.

Ders.: Die statistische Ermittlung. In: Deutsche Erde 1/3 (März 1902).

Ders.: Deutsche Politik. 3 Bde., München 1905-1908.

Deutschschriften. In: Der getreue Eckhart 5/3 (März 1907). Monatsschrift für die Gesamtinteressen deutscher Schutzarbeit (1906-1911).

Heimdall. Zeitschrift für reines Deutschtum und Alldeutschtum 5/20 (15. Oktober 1900).

Literatur:

Benjamin, Walter: Ankleben verboten. Die Technik des Schriftstellers in dreizehn Thesen. In: Ders.: Schriften. Bd.1, hrsg. von Theodor W. Adorno, Gretel Adorno u. Friedrich Podszus. Frankfurt a. M. 1955. S. 536-538. (Erstveröffentlichung in: Walter Benjamin: Einbahnstraße. Ernst Rowohlt Verlag, Berlin 1928.).

Hofmannsthal, Hugo von: Appell an die oberen Stände. In: Gesammelte Werke in zehn Einzelbänden. Reden und Aufsätze II. Fischer, Frankfurt a. M. 1979. S. 347-350.

Ders.: Proposition für die Errichtung eines Mozarttheaters als einer Pflegestätte der klassischen, insbesondere mozartschen Spieloper und der klassischen Komödie. In: Gesammelte Werke in zehn Einzelbänden. Reden und Aufsätze II. Fischer, Frankfurt a. M. 1979. S. 231-234.

Ders.: Deutsche Festspiele zu Salzburg. In: Gesammelte Werke in zehn Einzelbänden. Reden und Aufsätze II. Fischer, Frankfurt a. M. 1979. S. 255-257.

Ders.: Die Salzburger Festspiele. In: Gesammelte Werke in zehn Einzelbänden. Reden und Aufsätze II. Fischer, Frankfurt a. M. 1979. S. 258-263.

Ders.: Festspiele in Salzburg. In: Gesammelte Werke in zehn Einzelbänden. Reden und Aufsätze II. Fischer, Frankfurt a. M. 1979. S. 263-268.

Ders.: Das Spiel vor der Menge. In: Gesammelte Werke in zehn Einzelbänden. Dramen III. Frankfurt a. M. 1979. S. 103-106.

Ders.: Das Schrifttum als geistiger Raum der Nation. (Rede, gehalten im Auditorium Maximum der Universität München am 10.01.1927). In: Gesammelte Werke in zehn Einzelbänden. Reden und Aufsätze III. Fischer, Frankfurt a. M. 1979. S. 24-41.

Kelsen, Hans: Wesen und Wert der Demokratie. In: Ders.: Werke, Band 4. Veröffentlichte Schriften 1918–1920. Hrsg.

von Matthias Jestaedt in Kooperation mit dem Hans Kelsen-Institut. Mohr Siebeck, Tübingen 2013. S. 199-208.

Mann, Thomas: Leiden an Deutschland. In: Gesammelte Werke in dreizehn Bänden, Bd. 12. Fischer, Frankfurt a. M. 1974.

Sekundärliteratur:

Adorno, Theodor W.: George und Hofmannsthal. Zum Briefwechsel 1891 – 1906. In: Kulturkritik und Gesellschaft I, hrsg. von Rolf Tiedemann. Frankfurt a. M. 1977 (=Gesammelte Schriften Band 10.1). S. 195-237.

Bruckmüller, Ernst: Nation Österreich: kulturelles Bewusstsein und gesellschaftlich-politische Prozesse. Böhlau, Wien, Köln u. Graz 1996.

Hochleitner, Martin u. Lasinger, Margarethe (Hg.): Großes Welttheater – 100 Jahre Salzburger Festspiele. Residenz Verlag, Salzburg 2020.

Hobsbawn, Eric J.: Nationen und Nationalismen. Mythos und Realität seit 1780. Frankfurt a. M. 1991.

Langewiesche, Dieter: Nationalismus im 19. Und 20. Jahrhundert: zwischen Partizipation und Aggression. In: Ders. (Hg.): Nation; Nationalismus, Nationalstaat in Deutschland und Europa. München 2000. S. 35-54.

Nübel, Birgit: Zum Verhältnis von ‚Kultur' und ‚Nation' bei Rousseau und Herder. In: Regine Otto (Hg.): Nationen und Kulturen. Zum 250. Geburtstag Johann Gottfried Herders. Würzburg, Königshausen und Neumann 1996. S. 97-111.

Schmid, Julia: Kampf um das Deutschtum. Radikaler Nationalismus in Österreich und dem Deutschen Reich 1890-1914. Campus, Frankfurt a. M. 2009.

Schultz, Hans-Dietrich: Deutschlands „natürliche" Grenzen. In: Alexander Demandt (Hg.): Deutschlands Grenzen in der Geschichte. München 1990. S. 33-88.

Ders.: Raumkonstrukte der klassischen deutschsprachigen Geographie des 19./20. Jahrhunderts im Kontext ihrer Zeit. In: Geschichte und Gesellschaft 28 (2002). S. 343-377.

Steinberg, Michael P.: Ursprung und Ideologie der Salzburger Festspiele: 1890 – 1938. Pustet, Salzburg u. München 2000.

Ueding, Gert (Hg.): Historisches Wörterbuch der Rhetorik. Tübingen 1998.

Walkenhorst, Peter: Nation – Volk – Rasse. Radikaler Nationalismus im Deutschen Kaiserreich 1890-1914. Göttingen 2007.

Weinzierl, Ulrich: Hofmannsthal. Skizzen zu seinem Bild. Wissenschaftliche Buchgesellschaft, Wien 2005.

Wolf, Norbert: Ordnungsutopie oder Welttheaterschwindel? Hofmannsthals Salzburger Festspielkonzepte in ihrem kultur- und ideologiegeschichtlichen Kontext. In: Gerhard Neumann u. a. (Hg.): Hofmannsthal. Jahrbuch zur europäischen Moderne 19/2011. Rombach, Freiburg 2011. S. 217-254.

Onlineressourcen:

http://anno.onb.ac.at (ANNO: Historische Zeitungen und Zeitschriften der Österreichischen Nationalbibliothek)
http://www.salzburgerfestspiele.at
https://www.ris.bka.gv.at/GeltendeFassung.wxe?Abfrage=Bundesnormen&GesetzesnumGes=10000138 (Bundes-Verfassungsgesetz in der geltenden Fassung vom 10.06.2022)

DER AUTOR

Robert Schwarz, wohnhaft in Salzburg, wurde 1969 in Villach geboren und war nach seiner Matura im Jahr 1987 viele Jahre in der Privatwirtschaft tätig. In den Jahren 1995–2000 sowie 2009–2014 studierte er Klassische Archäologie und Alte Geschichte sowie Germanistik und Geschichte an der Universität Salzburg und nun arbeitet er seit 2014 als AHS-Professor am MPG St. Rupert in Bischofshofen. Zu seinen zentralen Interessensgebieten zählen Philosophie, Literatur und Kulturgeschichte.

DER VERLAG

VINDOBONA
VERLAG SEIT 1946

ein Verlag mit Geschichte

Bereits seit 1946 steht der Vindobona Verlag im Dienst seiner Bücher und Autoren. Ursprünglich im Bereich periodisch erscheinender Journale tätig, präsentiert sich der Verlag heute als kompetenter Partner für Neuautoren am deutschen, österreichischen und schweizerischen Buchmarkt. Engagement, Verlässlichkeit und Sachverstand – das sind die Grundpfeiler, auf denen der Verlag seit jeher sicher steht.

Sie möchten mit Ihrem Werk das vielseitige Verlagsprogramm bereichern? Der Vindobona Verlag garantiert Ihnen eine professionelle Prüfung Ihres Manuskriptes durch das Lektorat sowie eine zeitnahe Rückmeldung.

Genauere Informationen zum Verlag
finden Sie im Internet unter:

www.vindobonaverlag.com